HISTORIQUE DE LA GUERRE

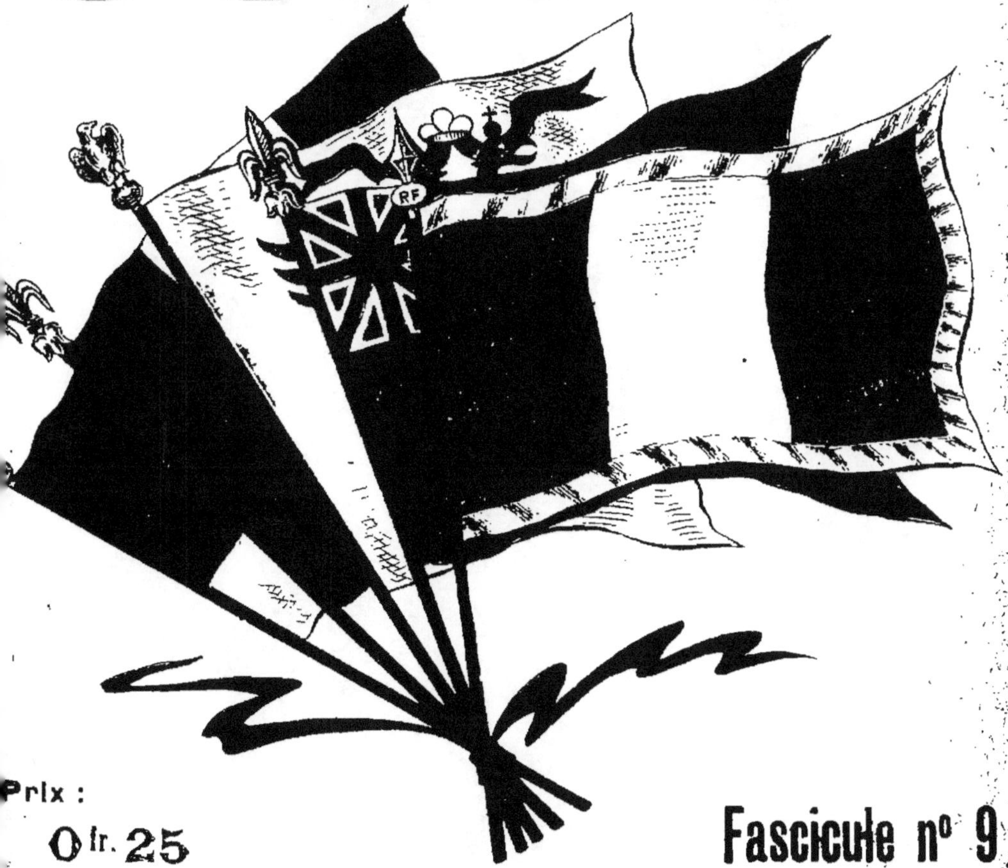

Fascicule n° 9

Prix : 0 fr. 25

PAR

Ferdinand BAUDOUIN

Ancien Officier de Réserve
e paix à Ruffec, Maire de Couture-d'Argenson (2-Sèvres)
Officier de l'Instruction Publique

HISTORIQUE
DE
LA GUERRE

PAR

Ferdinand BAUDOUIN

Ancien Officier de réserve,
Juge de Paix à Ruffec, Maire de Couture-d'Argenson,
Officier de l'Instruction Publique.

NEUVIÈME PARTIE

Echec des Allemands sur Ypres.
Succès russes en Prusse orientale et en Galicie.
Le croiseur allemand « Emden » est coulé par la flotte anglaise.
Prise de Dixmude par les Allemands.
Bataille de Chabatz-Lesnica, entre Serbes et Autrichiens.
Une attaque allemande contre Vailly (Aisne) est repoussée.
Echec des Allemands contre le col de Sainte-Marie (Vosges).
Prise de Soldau (Prusse orientale) par les Russes.
Prise de Tracy-le-Val (Aisne) par les troupes françaises.
La Turquie déclare la guerre à la Russie, l'Angleterre et la France.
Mort du Maréchal Lord Roberts.
Un régiment allemand est détruit au sud de Bixschoote.
Les Allemands font sauter les casernes de Chauvoncourt, occupées par les Français.
Combat naval dans la mer Noire.
L'insuccès des Allemands devant Tracy-le-Val.

NIORT
IMPRIMERIE TH. MARTIN
Rue Saint-Symphorien

1915

HISTORIQUE DE LA GUERRE

8 NOVEMBRE 1914

Avance des troupes alliées au-delà de Nieuport. — Echec d'une violente offensive allemande sur Ypres. — Succès russes en Prusse orientale et en Galicie. — Reprise du plateau de Vregny, au nord de Soissons.

Situation des armées sur le front occidental

La situation d'ensemble ne s'est guère modifiée depuis hier; cependant il est à constater qu'une accalmie relative a succédé aux violentes attaques des Allemands. Les alliés en ont profité pour accentuer leur offensive dans la région au nord de Messines et autour d'Armentières. Le communiqué de 3 heures semble attribuer cette accalmie, tout au moins en partie, à un brouillard intense qui ne s'est pas dissipé de toute la journée, restreignant l'action de l'artillerie et de l'aviation.

Dans la soirée du 5 novembre, Reims a été bombardé à nouveau, à la suite d'une véritable bataille aérienne. Le 4 novembre, un aéroplane allemand survola Reims, lançant une proclamation menaçant la ville d'être incendiée si elle ne se rendait pas le lendemain avant 5 heures. Le 5 novembre, des avions allemands survolèrent la ville avec l'intention évidente de mettre leur menace à exécution. Six avions français leur livrèrent bataille, les obligeant à rebrousser chemin, après les avoir fortement endommagés. C'est pour se venger de cet échec que les Allemands commencèrent aussitôt le bombardement de la ville à laquelle ils causèrent quelques nouveaux dégâts.

F. B.

Nouvelles diverses publiées par les journaux

— Un communiqué belge nous annonce que la situation sur l'Yser n'a pas changé, que les Allemands ont toujours quelques postes sur la rive gauche de la rivière, que des troupes ayant combattu en Belgique et celles qui avaient été vues arrivant de Bruges retournent vers la frontière orientale où leur présence devient urgente pour enrayer la marche des Russes.

— On annonce de Pétrograd que, au cours de la bataille livrée du 23 octobre au 4 novembre, de Thorn à Cracovie, l'armée russe a fait prisonniers 2.740 officiers et 18.500 soldats et s'est emparée de 3 obusiers, 40 canons et 38 mitrailleuses.

— En Turquie, les Russes continuent leur offensive sur Erzeroum ; en outre, leur flotte a bombardé quelques villes sur la mer Noire et coulé quatre transports ottomans en face Sanguldik.

— La flotte anglo-française continue le bombardement des forts des Dardanelles.

— Des troupes de l'Inde, appuyées par des forces navales anglaises, se sont emparées de Fao, à l'entrée du Chatt-el-Arab (Arabie turque).

— LA DÉFENSE DE SEMPIGNY ET LA PRISE DE TRACY-LE-VAL. — Le 31, nos éclaireurs nous apprenaient que des forces allemandes avaient été aperçues à Varesnes et qu'elles se dirigeaient à marche forcée sur Sempigny, qu'elles s'apprêtaient à attaquer.

Sempigny, au pouvoir de l'ennemi, c'était la prise de la ville de Noyon assurée, et avec ça la rupture des communications avec Chaulne et Péronne. C'était, en outre, au point de vue stratégique pour nos opérations sur Chauny, une menace sérieuse.

Pour parer à toutes attaques de l'ennemi, notre état-major prit ses mesures et donna l'ordre formel à nos troupes de conserver Sempigny coûte que coûte.

Le 1er novembre, à l'aube, nos avant-postes furent surpris par l'ennemi comprenant plusieurs régiments prussiens et trois escadrons de uhlans.

En côtoyant le long de l'Oise, par le bois de Carlepont, les Prussiens avaient pu ainsi tomber sur nous avant que nous fussions parés.

Malgré notre désir de résister, il était impossible de le faire plus longtemps, et sous une pluie de fer, sous les obus, la mitraille, la fusillade, en franchissant les morts qui tombaient autour de nous comme des épis sous la faux, nous dûmes nous replier sur Sempigny. A cet endroit, un pont relie la route de Sempigny à Pont-l'Evêque, qui est un centre important.

Ordre avait été donné de conserver Sempigny, il fallait tenir n'importe comment. Nos forces comprenaient un régiment d'infanterie, un escadron de hussards et une section de mitrailleuses cyclistes.

A une heure de l'après-midi, les uhlans firent leur apparition à 4 kilomètres des positions que nous venions de retrancher à la hâte. Ils furent reçus par le feu meurtrier de nos mitrailleuses cyclistes et durent faire demi-tour.

Mais pas pour longtemps, car un quart d'heure après cette rencontre, ils revenaient à la charge, mais cette fois en nombre et soutenus par leur artillerie, qui nous obligea à céder encore du terrain.

A l'entrée du village, à une centaine de mètres du pont, nous nous retranchons solidement, afin de maintenir en échec les forces allemandes.

Soudain, un feu de mousqueterie bien nourri nous accueille. Au même instant, les Prussiens se précipitent, baïonnette au canon, sur nos positions, et étant donné leur nombre, nous sommes contraints de nous replier dans le village.

Notre situation est critique, et nous attendons impatiemment du renfort afin de pouvoir contenir la poussée furieuse des Teutons. Notre retraite précipitée dans le village ne nous avait pas permis de faire sauter le pont, et de ce fait la marche en avant de l'ennemi n'était aucunement entravée. Les Allemands ne tardèrent pas à s'engager sur le pont pour envahir Sempigny. Afin de retarder leur marche, nos mitrailleuses cyclistes se postèrent à l'extrémité du pont et accueillirent l'infanterie en lui crachant des rafales de mort. Cette résistance acharnée des nôtres surprend l'ennemi qui ne s'attendait pas à une riposte aussi tenace.

Bientôt des centaines de cadavres jonchent le pont et son avenue.

De notre côté, les pertes sont également sensibles, car leur riposte est terrible.

Tout à coup un bruit de moteur fait lever toutes les têtes : dans le ciel nuageux on aperçoit un avion se dessinant nettement. Oh joie ! C'est un Français qui évolue au-dessus de nous et semble repérer les positions ennemies, et particulièrement le pont.

Que va-t-il se passer ?

La retraite est sonnée, et au pas de course nous nous éloignons du pont, nous repliant dans le village, dont la rue principale est rapidement barricadée avec des charrettes, des bancs, des balles de paille.

Les Prussiens ayant voie libre devant eux s'engagent en masse sur le pont, et par centaines le franchissent.

A peine un millier de fantassins et deux escadrons de uhlans avaient-ils pénétré dans Sempigny qu'une explosion formidable, suivie d'autres explosions successives, ébranle l'air.

Dans un terrible fracas, le pont de Sempigny s'écroule dans la rivière.

C'est l'avion français qui, ayant été mis au courant

de notre situation par les communications avec le quartier général, était venu nous apporter son aide et venait de faire sauter le pont pour empêcher la poursuite de l'ennemi.

De même, un fort contingent de zouaves étant venu à la rescousse, nos troupes s'élancèrent avec un entrain frénétique sur les Prussiens qui avaient pu passer le pont avant la débâcle, et dans une admirable charge à la baïonnette, en furieux corps à corps, les repoussèrent vers l'Oise.

Le pont étant détruit, l'ennemi ne pouvait songer à repasser la rivière. L'élan de nos troupiers les y obligea, les rejetant dans les eaux terreuses. Chevaux, soldats essayaient de regagner la berge opposée, mais le courant les emportait et en engloutit une grande partie.

Mais les renforts arrivaient encore de notre côté. Ayant jeté un pont de bateaux sur l'Oise, nous prenions l'offensive, et non seulement nous prenions le terrain perdu, mais entrant en liaison avec des troupes venues de Saint-Crépin-aux-Bois et de Offremont, nous nous emparions, après un vif combat, de Tracy-le-Val.

L'avion de secours nous avait permis non seulement de sauvegarder Sempigny, mais de nous emparer de Tracy-le-Val et de nous établir fortement, afin d'empêcher un retour offensif de l'ennemi.

Dépêches officielles

Premier Communiqué

Hier, entre la mer du Nord et la Lys, l'action a été moins violente. Quelques attaques partielles de l'ennemi ont été repoussées vers Dixmude et au nord-est d'Ypres. Sur presque tout ce front nous avons pris l'offensive à notre tour et avancé, notamment dans la région au nord de Messines.

Autour d'Armentières, les troupes britanniques ont légèrement progressé. Entre La Bassée et Arras, les attaques ennemies ont été repoussées.

D'Arras à Soissons, aucun incident notable.

Autour de Soissons, avance marquée de nos forces. Dans la région de Vailly également, sur la rive droite de l'Aisne, nous avons consolidé nos progrès au nord de Chavonne et de Soupir. Une attaque allemande sur Craonelle et Heurtebise a été repoussée.

Autour de Verdun, au nord-ouest et au sud-est de la place, nous organisons les points d'appui récemment enlevés.

Un brouillard intense a régné toute la journée, tant dans le Nord qu'en Champagne et en Lorraine, restreignant l'action de l'artillerie et de l'aviation.

Deuxième Communiqué

Au Nord, l'ennemi paraît avoir concentré son activité dans la région d'Ypres, sans résultat du reste.

Nous tenons partout.

Sur l'Aisne, nous avons atteint, au nord-est de Soissons, le plateau de Vregny sur lequel nous n'avions pas encore pris pied.

Rien d'autre à signaler.

---

9 NOVEMBRE 1914

Echec d'attaques allemandes sur Dixmude et Ypres (Belgique). — Les attaques allemandes contre Sainte-Marie (Vosges) sont repoussées.

Situation des armées sur le front occidental

— Les combats ont été, dans leur ensemble, moins violents hier que certains jours de la semaine précédente, alors que les allemands voulaient, coûte que coûte, se frayer une route sur Calais. Cependant, des attaques allemandes importantes ont été prononcées sur Dixmude, vers le Sud-Est d'Ypres et vers La Bassée-Arras, avec toutes les forces disponibles. Ces attaques ont échoué comme les précédentes et elles n'ont pas empêché les alliés de progresser sur le front compris entre Dixmude et la Lys. Le brouillard continue du reste à gêner les opérations de grande envergure.

Au nord de l'Aisne, nous avons repris toutes les positions qui nous avaient été enlevées vers Charonne et Soupir, mais l'opération la plus importante de cette région s'est passée au Nord de Soissons où nous avons pris pied sur le plateau de Vrégny que nous n'avions pas pu atteindre jusqu'alors. En résumé, de l'Oise à la mer du Nord, les Allemands paraissent très fatigués ; dans la région de Lens principalement, des détachements entiers ont profité du brouillard pour se rendre. Il est indiscutablement établi que, du 28 octobre au 3 novembre, le haut commandement allemand a demandé à ses troupes des efforts surhumains pour arriver à atteindre son objectif; que ses efforts se sont brisés contre la résistance des armées alliées et que partout nos troupes prennent l'offensive contre un ennemi désemparé.

Dans les Vosges, nous avons réoccupé Etival, Senones et Provenchères afin de mettre Saint-Dié à l'abri des obus allemands ; ceux-ci ne peuvent pas dépasser Etival et Senones.

Il paraîtrait qu'une partie de la cavalerie allemande opérant en Belgique a été transportée en Pologne et qu'une division de cette cavalerie opère en avant de Kalisch.

F. B.

Nouvelles diverses publiées par les journaux

— Suivant des nouvelles de source allemande, le Kaiser est très inquiet des succès russes. Il a tenu un conseil de guerre avec le général von Hindenburg, le duc Albert de

Wurtemberg et le général von Conrad. Un nouveau plan de campagne a été tracé, ayant pour but d'arrêter l'avance des Russes.

— Le *Daily Mail* évalue ainsi qu'il suit les effectifs allemands : 5.840.000 hommes ont été appelés sous les drapeaux, 170.000 ont été tués, 210.000 grièvement blessés, 530.000 blessés plus légèrement, 130.000 ont été capturés, 380.000 ont été dans l'impossibilité de rejoindre. Il reste donc comme effectifs valides 4.420.000 hommes, auxquels il faut ajouter les blessés légèrement, qui peuvent retourner au feu, et les soldats de marine. On arrive au chiffre approximatif de 4.790.000 hommes. Il y a sur la frontière de l'Ouest 2.150.000 hommes, sur celle de l'Est 1.720.000, 920.000 restent à l'intérieur. Ces renseignements paraissent très sensés et bien en rapport avec la situation des belligérants.

— Un télégramme de Washington annonce que le croiseur allemand *Geier* n'ayant pas quitté le port de Honolulu dans les délais légaux, il a été retenu par les autorités américaines, ainsi que le chaland naval *Norddeutsche Lechsun*.

— Il résulte d'un communiqué de l'état-major russe que sur la rive gauche de la Vistule, la cavalerie russe a pénétré en territoire allemand et a détruit la voie ferrée de Ploeschen, au nord-ouest de Kalish, les armées russes se trouvent donc à 80 kilomètres de Posen et en territoire allemand.

Les arrière-gardes autrichiennes sont poursuivies sur la route de Cracovie ; le bombardement de Przemysl a été repris avec une nouvelle intensité.

— En Turquie d'Asie, l'armée turque qui avait essayé une offensive sur Kocparikeny, qu'elle avait abandonné la veille, a été mise en déroute et décimée par l'artillerie cosaque.

— L'EXPLOIT DU « MÉKONG ». — Un officier, blessé à Dixmude et en traitement à Paris, raconte à l'*Action française* un bel exploit du *Mékong*, le yacht du duc de Montpensier, que les Bordelais purent voir mouillé en face des Quinconces, dans le courant de l'an dernier.

Cet officier dit qu'étant parti à bord du yacht *Mékong*, des raisons de santé l'obligèrent de quitter ce navire. Or, il vient d'apprendre que le duc de Montpensier se trouvait, au début de la guerre, à Yokohama et offrait son navire aux alliés. Sir Cunningham Greene, ambassadeur d'Angleterre au Japon, accepta cette offre généreuse au nom de son gouvernement, le 5 août, mais pria le duc de Montpensier de conduire son yacht au commandant de la flotte britannique mouillée en rade de Weï-haï-Waï.

En faisant route pour ce port, le *Mékong* croisa un gros vapeur allemand. Quoique n'ayant que trois pièces de petit calibre et un seul canonnier à bord, le duc de Montpensier n'hésita pas à donner la chasse à l'allemand, à lui signaler l'ordre de se rendre et, sur son refus, à faire ouvrir le feu. Dès les premiers projectiles de semonce, le navire allemand stoppa et amena son pavillon. C'était le *Hamametal*, de 4.000 tonneaux, qui se laissa convoyer par le *Mékong* à Weï-haï-Waï, où il fut remis aux autorités anglaises.

— LA DÉFENSE HÉROÏQUE DU FORT DE TROYON. — Voici l'histoire telle qu'elle me fut contée, sur les glacis boueux de Troyon, par un des héros de la défense :

— Depuis le premier jour de la guerre, la garnison du fort, composée de 450 hommes d'artillerie et d'infanterie était à son poste, mais les Allemands ne se montraient pas. On commençait à se morfondre quand, le 8 septembre, ils firent leur apparition. Bientôt, une pluie de fer et de feu s'abattit sur nous. Une « grosse marmite » défonça la grande casemate du centre et fit exploser tous les obus à la mélinite qui s'y trouvaient. Diverses parties du fort furent gravement endommagées. Nos pièces de 120 et plusieurs de 90 furent mises hors de service. Néanmoins, les pièces qui restaient continuèrent le feu. Dans les nuits du 8 au 9 et du 9 au 10, les Allemands donnèrent l'assaut. Chaque fois, leur élan se brisa devant les abatis d'arbres et les réseaux de fils barbelés disposés en avant des glacis. L'infanterie, déployée sur le parados, en fit un vrai carnage.

Le 11, nous fûmes secourus par des troupes fraîches venues de Verdun, qui obligèrent l'ennemi à manœuvrer pour n'être pas tourné.

Le 12, le bombardement reprit avec une extrême violence. Une batterie d'obusiers de 20 centimètres avait réussi à prendre position contre nous, sur le mamelon d'Ambly, à la cote 345, équivalente à celle de Troyon, 353. Cette fois, notre affaire était claire. C'est alors qu'une batterie de 75 vint s'établir sur la rive opposée de la Meuse, prenant en écharpe l'adversaire. Dans la nuit, le canon allemand fut réduit au silence. Le 13, dans la matinée, les casques à pointe disparurent. Ils étaient en pleine retraite vers Fresnes-en-Woëvre et Etain.

Alors, dans le fort, on fit l'appel. Il y avait quatre morts et quarante blessés. C'était tout. A deux reprises, nous avions été sommés de capituler sans condition. Le commandant d'armes avait répondu : « Passez au large ! »

Tel est le fait d'armes raconté dans sa simplicité. Mais ce que mon interlocuteur ne me dit pas, c'est le courage admirable de cette poignée d'hommes, en pleine fournaise, se battant jour et nuit, presque sans manger, menacés à tout instant d'être engloutis sous des ruines et refusant la vie sauve offerte par l'ennemi. Cela pendant cinq jours, dans l'atmosphère délétère des gaz asphyxiants dégagés par les obus allemands, dans le fracas de l'artillerie, la lueur des boulets incendiaires, les rayons aveuglants des projecteurs et les plaintes des blessés.

Il fallait tenir. Ils ont tenu.

Le lendemain, 14 septembre, leur geste superbe fut traduit au public par cette modeste phrase du communiqué officiel :

« A notre aile droite, en Woëvre, nous avons réussi à dégager le fort de Troyon, violemment attaqué à plusieurs reprises ces jours derniers. »

Ce fut tout. Les défenseurs de Troyon n'en demandaient pas davantage. — (Du *Petit Parisien*.)

Dépêches officielles

Premier Communiqué

A notre aile gauche, les Allemands ont repris à nouveau l'offensive sur Dixmude et dans la région d'Ypres, particulièrement au sud-est de cette dernière ville. Leurs attaques ont été partout repoussées.

En fin de journée, dans l'ensemble du front entre Dixmude et la Lys, nous avons progressé sur la majeure partie des points.

Toutefois notre avance est lente en raison de l'offensive que l'ennemi prend de son côté et des organisations très sérieuses qu'il a déjà eu le temps de réaliser autour des points d'appui depuis le commencement de la lutte.

Le brouillard a d'ailleurs rendu les opérations difficiles, surtout entre la Lys et l'Oise.

Au centre, sur l'Aisne, les progrès indiqués dans les communiqués d'hier sont maintenus.

En Argonne et autour de Verdun, simples actions de détail.

A notre aile droite, en Lorraine, rien à signaler.

En Alsace, de nouvelles attaques des Allemands contre les hauteurs du col de Sainte-Marie ont encore abouti pour eux à un échec marqué.

Deuxième Communiqué

Aucune modification notable dans la situation, en raison des difficultés qu'un brouillard intense crée aux opérations de quelque étendue.

Dans le Nord, la journée a été bonne. Nous avons maintenu nos positions entre la Lys et Langemarck et sensiblement progressé entre Langemarck et Dixmude.

10 NOVEMBRE 1914

Le croiseur allemand « Emden » est coulé dans la mer des Indes par le croiseur anglais « Sydney ». — Prise de Dixmude (Belgique) par les Allemands. — Bataille de Chabatz-Lesnica, entre Serbes et Autrichiens. — Occupation de Miechow, à 30 kil. de Cracovie, par les Russes.

Situation des armées sur le front occidental

La véritable bataille est toujours entre l'Oise et l'Yser, et surtout entre l'Yser et la Lys, avec Ypres au centre de l'action; les communiqués nous disent que l'action a continué hier, pendant toute la journée, avec la même intensité que précédemment entre la mer et la région d'Armentières. La ruée formidable allemande se continue donc, sans souci d'économiser les vies humaines, vers le même objectif : briser nos lignes pour tourner notre gauche et joindre la mer ; les attaques se font tantôt au sud d'Ypres, tantôt vers La Bassée, et parfois sur les deux points en même temps, comme cela s'est produit dans la journée d'hier. Il est cependant agréable de constater que, malgré les renforts amenés d'Allemagne et ceux pris sur le front Nieuport-Dixmude, la journée d'hier a encore été marquée par l'échec des attaques allemandes et le progrès sensible des troupes alliées entre Ypres et Armentières.

Le Kaiser, malgré les pertes énormes éprouvées par ses troupes et l'impossibilité matérielle dans laquelle il se trouve de percer nos lignes, ne peut pas se résoudre à abandonner la partie dans les Flandres ; il prépare, dit-on, une nouvelle attaque plus formidable que la première et il concentre à cet effet de nombreuses troupes entre Courtrai et Arras. Le nouvel et gigantesque effort serait imminent, car le temps presse et la situation des Allemands devient inquiétante, la marée russe monte et pour l'endiguer une grande partie des troupes de l'Ouest serait nécessaire. Nous pouvons donc nous attendre d'ici peu de jours à des événements importants, nous avons tout lieu de croire qu'ils nous seront favorables.

F. B.

Nouvelles diverses publiées par les journaux

— On mande de Berlin qu'on fait des préparatifs en vue du retour du Kaiser à Postdam, où l'empereur aurait l'intention de transférer son quartier général.

— En vue de défendre la neutralité de la Hollande et les Allemands paraissant vouloir se servir d'Anvers comme base navale, le gouvernement de Flessingue (Hollande) a fait connaître que l'artillerie des forts tirera sur tous les navires naviguant dans l'Escaut, excepté sur ceux transportant la malle et appartenant au port.

— Le 8 novembre, un vapeur suédois a touché une mine dans la mer du Nord et il a sauté ; son équipage, moins six matelots, a été sauvé et débarqué à Yarmouth.

— Le gouvernement français fait connaître qu'à la suite de brillantes opérations, le Congo cédé à l'Allemagne a été réoccupé par les troupes françaises.

— En Prusse orientale, en Pologne et en Galicie, la marche en avant des armées russes se continue d'une façon normale.

— En Turquie d'Asie, la flotte russe a bombardé Zunguldaka, Zuklu et Héraclée. Elle a détruit plusieurs navires dans le port d'Héraclée. La flotte turque s'est portée à la rencontre des vaisseaux russes, mais elle est rentrée aussitôt dans le Bosphore.

— LES DÉFENSEURS DU FORT DU CAMP-DES-ROMAINS. — Le correspondant de l'*Associated Press*, qui a suivi les opérations de l'armée allemande devant Saint-Mihiel, donne une version encore inédite de l'héroïque défense du Camp-des-Romains. Voici son récit :

« A Saint-Benoît j'aperçus, attendant devant le quartier général, un détachement d'environ 300 prisonniers français. C'étaient tous de beaux jeunes gens, présentant un contraste frappant avec le type des réservistes plus âgés qui prédomine dans les camps de prisonniers en Allemagne. Ils appartenaient évidemment à des troupes de choix de l'infanterie et étaient traités presque avec déférence par leurs gardes : des Allemands du sud, barbus, de la landwehr.

« Ces Français étaient les survivants de la garnison du fort du Camp-des-Romains, qui avait fait une défense si obstinée, si magnifique qu'elle avait mérité l'admiration et le respect des officiers et des hommes des troupes allemandes.

« Les tourelles blindées et les bastions bétonnés du fort, bien que construits suivant toutes les règles modernes, avaient été battus en brèche en un temps extrêmement court par l'artillerie de siège allemande et autrichienne. Les canons du fort réduits au silence, une masse considérable d'hommes du génie et de l'infanterie ennemis avaient pu pousser leurs tranchées jusqu'à 5 mètres des casemates du fort où la garnison s'était repliée, forcée d'abandonner les ouvrages avancés. Là encore la résistance fut héroïque, la garnison ne voulant pas entendre parler de reddition.

« Des soldats du génie allemand, se glissant alors jusqu'à l'angle des casemates où le feu des défenseurs ne pouvait les atteindre, réussirent à introduire des tuyaux dans l'intérieur de la citadelle, et par ces tuyaux les casemates furent remplies de fumée et de gaz asphyxiant.

« — En avez-vous assez ? demandèrent les assaillants après une première épreuve.

« — Non, répondirent héroïquement les défenseurs.

« L'opération fut renouvelée une seconde, puis une troisième fois et chaque fois la réponse obstinée devenait plus faible.

« Finalement, les défenseurs du fort n'eurent plus la force de soulever leurs fusils et la citadelle fut prise.

« Quand les survivants de la garnison, ravivés par le grand air, furent à même de marcher, ils trouvèrent leurs adversaires leur présentant les armes en reconnaissance de leur vaillante résistance. Les conditions les plus honorables leur furent accordées. Les officiers conservèrent leur épée et partout, dans leur marche vers une captivité honorable ils furent accueillis par des expressions de respect et d'admiration. »

— Attaque d'Andechy. — Le 4 novembre, près de nous un roulement formidable de tonnerre déchire l'espace comme sur un seul geste, toutes les batteries crachent la mitraille, le bruit est assourdissant, affolant. Instinctivement, nous baissons la tête et nous nous rapprochons, notre poste d'observation nous semble moins sûr. Vite filons sur la route; deux gros arbres sont à notre disposition pour nous préserver des éclats d'obus et pour nous rendre invisibles sans pour cela gêner notre ligne d'horizon.

La canonnade se poursuit, violente, les sifflements aigus et le claquement sec de nos 75 percent nos oreilles.

Les obus tombent sur le village et au-dessus du petit bois des petits ballons de fumée blanche marquent leur chute. C'est une véritable avalanche de fer et de feu, les maisons s'abattent une à une, des lueurs rouges et des colonnes de fumée noire s'élève de sept points différents, les flammes se rapprochent, l'incendie fait rage, le joli petit village d'Andechy devient bientôt un gigantesque brasier et un monceau de ruines. On attend la riposte, elle ne tarde pas en effet. D'un repli de terrain, en face du bois, les canons ennemis tirent, leurs obus passent et grincent au-dessus de nos têtes pour tomber 300 mètres plus loin, tout près de nos batteries, en faisant entendre un bruit sourd et jaillir de erre une gerbe de flammes. De tous les points culminants, du fond des bois, des flancs des collines, les 75 français et les 210 allemands crachent le fer et la mort.

Pendant deux heures, la voix sinistre du canon gronde et pas un être vivant n'est encore apparu à nos yeux.

A l'ouest, sur la route d'Amiens, on distingue bien une masse d'une teinte indéfinie. Qu'est-ce? des Français ou des Allemands ? Cette masse s'ébranle et arrive vite par groupes compacts pour contourner le village, la manœuvre est osée et imprudente. Soudain, à 600 mètres à peine, une explosion épouvantable fait trembler l'air, c'est une batterie de 75 qui a réussi à rester depuis le début de l'attaque sans être entendue ni aperçue et qui entre en action. Elle balaye la route en quelques secondes, les obus tombent sans relâche sur la masse qui avançait maintenant au pas de charge et en colonnes serrées. De notre poste d'observation on aperçoit nettement les ravages causés par notre tir dans les rangs ennemis. A chaque rafale, les hommes qui nous paraissaient aussi petits que des mouches tombent par centaines, des vides se creusent dans la colonne qui continue pourtant sa marche.

Pendant une heure environ, l'ennemi persista dans son idée et ce n'est que lorsque les deux tiers de la colonne furent anéantis qu'il se décida enfin à battre en retraite.

Devant nous, un nouveau spectacle s'offrit à nos yeux : nos fantassins, baïonnette au canon, se défilaient le long des tranchées pour se préparer à l'attaque du village. L'attente ne fût pas longue, deux régiments s'élancèrent au pas de charge et en poussant des clameurs effroyables. Des crépitements suivis de légers sifflements se firent entendre de tous côtés, et c'est sous un ouragan d'obus et de balles que notre infanterie poursuivit sa marche à la victoire. Les officiers donnaient l'exemple et entraînaient par la voix et le geste leurs troupes littéralement emballées. Nous apercevons un capitaine à 30 mètres en avant de sa compagnie faisant des moulinets avec son sabre. Les premiers rangs

Fascicule 9

tombent, fauchés par les mitrailleuses ennemies dissimulé[es] dans des tranchées invisibles, nos yeux se voilent et no[us] hésitons à fixer nos regards sur ce carnage. Notre infa[n]terie résiste héroïquement, elle s'enfonce résolument da[ns] le village en ruines, nous ne voyons plus rien que les mor[ts] et les blessés abandonnés dans la plaine. La lutte doit êt[re] acharnée et les nôtres ont dû rencontrer des forces sup[é]rieures, ils reculent pied à pied en disputant chèrement [le] terrain reperdu. Mais une masse d'infanterie débouche s[ur] notre droite par une route encaissée entre deux talus, not[re] état-major faisait donner une ligne de réserve, elle arriva en temps opportun. Stimulés par l'arrivée de ces renfort[s] les premières lignes reprirent sans hésitation la marche e[n] avant, l'ennemi fut culbuté parmi les décombres, refou[lé] au-dessus du village et chassé pour toujours du petit bo[is] où il s'était fortement retranché dès le début de la cam pagne.

Pendant l'attaque de l'infanterie et l'action de nos 75 deux batteries de grosse artillerie ont balayé les ligne[s] ennemies sous un autre angle. Cette action combinée d[e] notre canon de 75 et de notre artillerie lourde décida e[n] grande partie de la victoire.

Une grêle d'obus de gros calibre tomba pendant deu[x] heures sur les batteries allemandes qui cessèrent leur fe[u] et abandonnèrent la partie.

La bataille est finie, les pertes sont nombreuses des deu[x] côtés, mais la victoire nous est assurée, nos troupes cam pent maintenant devant le village d'Andechy détruit. Le[s] voitures d'ambulance roulent lentement dans la plaine, le[s] brancardiers font leur pénible besogne. Le crépuscule vien[t] d'assombrir l'horizon, la grosse voix du canon n'est plu[s] qu'un léger bruit sourd qui se perd dans le lointain. — (D[u] correspondant particulier du *Petit Journal*.)

Dépêches officielles

Premier Communiqué

L'action a continué hier pendant toute la journée avec la même intensité que précédemment entre la mer et la région d'Armentières. Le choc a été d'autant plus violent que les forces opposées agissaient de part et d'autre offensivement. Dans l'ensemble, la journée a été marquée par l'échec d'une attaque allemande en forces considérables dirigée au sud d'Ypres, et par les progrès sensibles des forces françaises autour de Dixmude et entre Ypres et Armentières.

Sur le front des troupes britanniques également toutes les attaques allemandes ont été énergiquement repoussées.

Sur la majeure partie du front, depuis le canal de la Bassée jusqu'à la Woëvre, nos troupes ont consolidé les résultats acquis au cours des dernières journées. A signaler pourtant notre progression dans la région de Loivre (entre Reims et Berry-au-Bac).

En Lorraine, rien à signaler.

Dans les Vosges, de nouvelles attaques ennemies contre les hauteurs au sud du col de Sainte-Marie et au sud-est de Thann ont été toutes repoussées.

Deuxième Communiqué

Au nord, la bataille continue très violente.
Sur le reste du front, rien à signaler.

11 NOVEMBRE 1914

Violente bataille et échec des Allemands à Ypres (Belgique); la garde prussienne est décimée. — Une attaque allemande contre Vailly (Aisne) est repoussée. — Occupation de Johannesburg (Prusse orientale) par les Russes. — Victoire russe de Kaprikeny sur les Turcs.

Situation des armées sur le front occidental

— Si de nouvelles forces allemandes se sont concentrées entre Arras et Coutrai, avec l'intention évidente d'agir sur le front Ypres-Arras, la bataille qui se livre en ce moment entre Nieuport et le sud d'Ypres n'a rien perdu de son intensité. Des effectifs considérables ont attaqué avec violence les troupes alliées dans la journée d'hier, mais celles-ci ont vaillamment résisté. Sur un seul point, à Dixmude, l'ennemi a eu une légère avance, puisqu'il a réussi à s'emparer du village mais, dit le communiqué officiel de 3 heures, nous tenons aux abords même du village, sur le canal de Nieuport à Ypres, qui a été solidement occupé. Au nord de Nieuport, nous avons réoccupé Lombartzyde et avancé au-delà de cette localité. De l'Oise aux Vosges, il n'a été livré que des combats d'ordre secondaire, qui ont cependant leur importance, mais notre attention est concentrée sur les grosses opérations du Nord. C'est dans cette région que se joue la plus grosse partie dont l'enjeu est la retraite de l'armée allemande, non seulement en Belgique, mais sur tout le reste du front.

Il paraîtrait que la cavalerie hongroise envoyée en Belgique pour venir en aide aux Allemands a été très éprouvée.

Sur une liste des pertes publiée à Vienne, on relève les noms de 867 hussards appartenant à l'aristocratie magyare.

F. B.

Nouvelles diverses publiées par les journaux

— Le 9 novembre, un avion allemand a laissé tomber des bombes sur Dunkerque ; deux personnes ont été blessées.

— M. Maginot, député, sergent de territoriale, qui, pour sa belle conduite au feu a reçu la médaille militaire, vient d'être assez grièvement blessé au genou dans un engagement aux environs de Verdun.

— En Prusse orientale, les progrès des Russes continuent et leur marche est rapide ; un communiqué officiel de l'état-major, dont l'exactitude ne saurait être mise en doute, nous fait connaître la position des armées russes sur tout le front. Ce front, qui a la forme d'un arc de cercle, est ainsi délimité du nord au sud : les lacs Mazourée, Neidenburg, Soldau, Kalish, Miechow à 30 kilomètres au nord de Cracovie, Rzeszow et Sambor.

— Un télégramme de Moscou, reproduit par un journal anglais, fait connaître que dans un engagement près d'Aeradz, sur la Wartha, le général von Liebert, qui avait été nommé gouverneur de Lodz, a été capturé avec une partie de l'état-major du 17e corps.

— En Turquie d'Asie, les combats continuent sur la frontière du Caucase. Le bombardement des Dardanelles par la flotte franco-anglaise se fait sans interruption, deux forts sont réduits.

— Le 10 novembre, le croiseur allemand *Emden* a été détruit dans l'Océan indien, près des îles Reeling, par le croiseur britannique *Sydney*.

— Le croiseur allemand *Kœnigsberg* est bloqué dans l'Afrique occidentale allemande, en face de l'île Mafia, par le croiseur anglais *Chatam*. Il lui est impossible de s'échapper. Il ne reste donc plus, pour courir les mers comme flotte de guerre allemande, que l'escadre du Chili.

— Le sergent Giacomini. — Le sergent Giacomini avait été chargé, avec sa section, de couvrir le flanc droit d'une compagnie.

Il s'acquittait de sa mission lorsqu'à peu de distance il aperçut un groupe de soldats allemands désarmés qui agitaient un drapeau blanc.

Sans méfiance, il se dirigea vers eux ; mais à peine avait-il fait 100 mètres que d'autres ennemis dissimulés derrière un repli de terrain se jetèrent sur lui et le firent prisonnier.

L'incident était resté inaperçu de la section restée en arrière sur l'ordre même du sergent ; cependant ne voyant pas revenir leur chef, les hommes s'en émurent et se mirent à sa recherche, mais il était déjà trop tard, les Allemands s'étaient éloignés emmenant le sous-officier français blême de rage impuissante.

Lorsque le sergent Giacomini comparût devant le chef du détachement qui l'avait capturé, il comprit de suite le but que poursuivait l'ennemi.

L'officier lui dit en effet dans un français impeccable : « Tu vas nous conduire à l'emplacement de ta compagnie sinon je te brûle la cervelle. »

Le sergent bondit, la tête haute, il brava du regard l'insolent personnage : « La mort plutôt. »

Mais soudain il se calma et c'est d'une voix presque aimable qu'il murmura : « Je suis à votre disposition. »

Quelques minutes plus tard, deux bataillons prenaient la direction des lignes françaises.

En tête marchait le sergent Giacomini, encadré de sous-officiers prussiens.

La nuit commençait à tomber ; quand ils furent arrivés à une centaine de mètres de nos tranchées, le sous-officier dit simplement : « C'est là », et du doigt il montra les retranchements.

Alors, usant de leur habituel subterfuge, quelques soldats

s'avancèrent en faisant de grands gestes et en criant : « Amis ! English ! English ! »

Il y eut parmi les fantassins français une légère hésitation. Peut-être allaient-ils se laisser prendre au piège de leurs déloyaux adversaires, mais soudain une voix formidable s'éleva et domina les cris des faux Anglais : « Tirez, ce sont des Boches ! »

C'était le sergent Giacomini qui n'hésitait pas à faire le sacrifice de sa vie et donnait l'alarme.

Reconnaissant sa voix, nos soldats n'attendirent pas plus longtemps : un terrible feu de salve abattit le premier rang des ennemis qui, voyant leur ruse éventée, se replièrent précipitamment.

Quant au sergent Giacomini, il s'était aplati devant le feu et, profitant de l'obscurité, il put s'échapper et rejoindre sa compagnie.

On devine l'accueil qui lui fut fait; son héroïque conduite portée à la connaissance du généralissime lui a valu une citation à l'ordre du jour de l'armée et avant-hier même la médaille militaire.

Son nom restera dans l'histoire de la guerre de 1914 comme un des plus saisissants exemples de l'héroïsme français.

— UN TOUR PRODIGIEUX DE GARROS. — Des soldats français gardaient il y a quelques jours le pont de Beauzeuillé, sur la route d'Albert à Doullens, lorsqu'ils virent passer au-dessus de leurs têtes un taube qui filait. Sans demander de compte à personne, nos hommes lui dépêchèrent quelques balles, mais sans l'atteindre. Cependant, quelle ne fut pas leur stupéfaction de voir subitement l'appareil décrire dans le ciel quelques courbes, s'avancer pour venir atterrir à quelques centaines de mètres des tireurs, qui se précipitèrent dans l'espoir de faire un prisonnier.

Je vous laisse à penser si leur surprise devint de l'ahurissement en voyant descendre du « Taube » un aviateur français, et quel aviateur ! Garros lui-même !

— Mais c'est de la folie ! Comment vous trouvez-vous dans cet avion ? interrogèrent les camarades.

— C'est très simple, reprit le hardi pilote. J'étais allé faire la chasse aux « Taubens » l'autre semaine. A un moment donné, j'en poursuivais un au-dessus d'une région assez déserte quand je m'aperçus que mon moteur fonctionnait mal. Je jugeai prudent d'atterrir dans un de ces vols casse-cou qui sont la spécialité des meetings. En réalité je feignis la chute.

— Les Allemands, me croyant mort, firent demi-tour et bondirent vers moi pour me dépouiller des ordres ou des papiers dont ils me supposaient porteur.

Je restai étendu sur le sol sans bouger. Quand le pilote ennemi fut à quelques pas de moi, je me dressai vivement et l'abattis de deux coups de revolver sans qu'il ait pu dire « ouf ». Après quoi, je confiai mon appareil à un fermier du voisinage, qui le rangea sous un hangar, et j'eus l'idée de me servir du taube que voici et dont la manœuvre est des plus simples.

Les soldats s'approchèrent de l'avion. L'hélice et une aile avaient été atteintes, mais Garros n'avait pas une égratignure.

Voilà comment notre héros s'est constitué un précieux butin de guerre qui lui permet, à l'heure qu'il est, de survoler les lignes allemandes sans inconvénient. — (De l'*Auto*.)

Dépêches officielles

Premier Communiqué

A notre aile gauche, la bataille a repris, hier, dès le matin, avec une intensité toute particulière, entre Nieuport et la Lys. D'une façon générale, notre front a été maintenu, malgré la violence et la force des attaques allemandes dirigées contre certains de nos points d'appui. Au nord de Nieuport, nous avons même pu réoccuper Lombartzyde et progresser au-delà de cette localité. Mais vers la fin de la journée, les Allemands ont réussi à s'emparer de Dixmude. Nous nous tenons toujours aux abords mêmes de ce village, sur le canal de Nieuport à Ypres, qui a été solidement occupé. La lutte a été très chaude sur ce point.

Les troupes britanniques, attaquées elles aussi sur plusieurs points, ont partout arrêté l'ennemi.

Sur le reste du front, la situation générale reste sans modification, sauf quelques progrès de nos forces au nord de Soissons et dans la région à l'ouest de Vailly, sur la rive droite de l'Aisne. En dehors de ces deux points, l'état de l'atmosphère n'a permis que des actions de détail, heureuses pour nos armes. Nous avons notamment bousculé un détachement ennemi à Cointcourt (3 kilomètres nord de la forêt de Parroy).

Deuxième Communiqué

L'ennemi a continué toute la journée son effort d'hier sans obtenir de résultat nouveau. Il a dirigé sur Lombartzyde une contre-attaque qui a été repoussée. Il a fait de vaines tentatives pour déboucher de Dixmude sur la rive gauche de l'Yser.

Sur le reste du front, rien de nouveau.

12 NOVEMBRE 1914

Une nouvelle attaque des Allemands contre le col de Sainte-Marie (Vosges) est repoussée. — Nouvel insuccès des Allemands contre Ypres (Belgique). — Prise de Soldau (Prusse orientale) par les Russes. — La canonnière anglaise « Niger » est coulée par un sous-marin allemand près de Douvres.

Situation des armées sur le front occidental

— Les Allemands, après avoir pris Dixmude ont, paraît-il, essayé de franchir l'Yser, mais il leur a été impossible de passer sur la rive gauche de la rivière où nos troupes, solidement retranchées, s'opposent à leur avance. Allons-nous avoir une seconde bataille de l'Yser qui ne sera que la réédition de la première et tout aussi désastreuse pour l'ennemi ?

On pourrait le supposer en constatant la prise de Dixmude par les Allemands au prix de grands sacrifices, mais il y a plutôt lieu de croire que l'ennemi a voulu posséder un point d'appui pendant que se dérouleront les grosses opérations qui sont à prévoir sur tout le front ouest de notre ligne de bataille et principalement entre l'Yser et la Lys. Les renseignements qui parviennent de Londres annoncent que les Allemands renouvellent continuellement leurs attaques dans le voisinage de Messines, où ils ont reçu des renforts considérables, et sur la ligne La Bassée-Arras. Les pertes allemandes seraient de huit fois supérieures à celles des alliés.

F. B.

— Un communiqué de l'amirauté anglaise annonce que la canonnière anglaise *Niger* a été coulée le 11 novembre par un sous-marin allemand, près de Douvres.

— Le même jour, un torpilleur japonais a été coulé dans la baie de Kiao-Tchéou, alors qu'il repêchait des mines. Par la prise de Kiao-Tchéou, la marine allemande a perdu 2 croiseurs, 4 torpilleurs et 3 contre-torpilleurs qui se trouvaient dans la rade et qui ont été coulés.

— On annonce de Serbie qu'une grande bataille est engagée avec les Autrichiens, au pied des montagnes, sur la ligne Chabatz-Lozvitza; elle a commencé le 10 novembre.

— En Prusse orientale, l'avance des Russes se continue; ils se sont emparés de Goldap, bifurcation importante de chemin de fer à 25 kilomètres en territoire allemand.

Le flanc gauche de l'armée autrichienne de Galicie est maintenant complètement enveloppé, cette armée est très menacée.

— En Turquie d'Asie, la bataille entre Russes et Turcs continue sur la position de Kaprikeni. La flotte turque croise dans la mer Noire.

— CE QU'EST UNE ATTAQUE DE NUIT PAR LES TROUPES INDIENNES. — Le correspondant de l'agence Central News en France décrit la terrible besogne qu'accomplissent les Indiens la nuit sur le front des tranchées.

« Les troupes anglaises, éveillées dans leurs tranchées, s'attendaient à une attaque de l'ennemi. En arrière, plusieurs centaines de silhouettes sombres s'assemblèrent silencieusement derrière un rideau d'arbres. Bientôt quelques-unes de ces ombres se détachèrent et, rampant comme des « Peaux-Rouges » sur le sentier de la guerre, s'avancèrent sur le front de la ligne anglaise. Les soldats dans les tranchées murmurèrent : « Voilà les Indiens qui font une sortie », et s'efforcèrent de percer du regard l'obscurité de la nuit pour voir ce qui se passerait. Rampant sans bruit, les quelques Indiens détachés de leur troupe arrivèrent jusqu'à la première tranchée où se trouvaient les avant-postes de l'ennemi. Que se passa-t-il ? On ne le sait pas exactement, mais pas un cri ne fut entendu et quelques minutes plus tard les soldats anglais aperçurent un des Indiens revenant vers ses camarades restés en arrière et alors toute la troupe, plusieurs centaines, se mit en marche sans faire le moindre bruit et disparut dans la direction des lignes allemandes. Pendant cinq minutes ce fut un calme absolu, puis on entendit quelques coups de feu suivis d'une violente fusillade, le tout entremêlé de cris et de gémissements. Trois ou quatre fusées vinrent éclairer la scène et à 600 mètres de leur front les soldats anglais purent apercevoir une masse d'hommes se débattant, les lueurs de l'acier et le moulinet des fusils. C'étaient les Indiens à leur œuvre de mort. Pendant dix minutes ils firent un carnage des Allemands à moitié endormis encore et qui s'étaient couchés en rangs serrés attendant l'ordre de l'assaut de nuit. La boucherie fut terrible et ne prit fin que lorsque les Allemands, ayant repris conscience et voyant le danger, s'enfuirent en courant. » — (Du *Matin*.)

— EN ALSACE. — Le 25 octobre dernier, un bataillon du 123ᵉ régiment d'infanterie de landwehr wurtembergeois attaquait le village de Sengern, au fond de la vallée de Guebwiller, occupé par deux sections de chasseurs alpins. Canonnés par deux pièces de 77 et exposés au feu de quatre mitrailleuses, nos alpins se replièrent à 500 mètres de distance, abandonnant momentanément le village dans lequel pénétrèrent les Wurtembergeois suivis d'une voiture chargée de fûts de pétrole, apportée spécialement de Colmar. Avant de prononcer leur attaque, les Allemands avaient réquisitionné chez tous les aubergistes de la vallée des bouteilles vides qu'ils remplirent de pétrole. Ces bouteilles furent déposées devant les maisons, par trois, cinq ou sept, suivant l'importance de l'immeuble, et les hommes, armés de brandons, allumèrent l'incendie sur un signal de leur chef. Ce chef, un oberleutnant, s'était réservé l'église dans laquelle il pénétra à la tête de dix hommes. La troupe, obéissant aux ordres de l'officier, détruisit l'orgue, défonça les confessionnaux et le maître-autel, puis, ayant entassé dans la nef les objets destinés au culte, inonda tout de pétrole. Seul, un soldat catholique, ayant refusé de se joindre à ses camarades, fut aussitôt désarmé, ligotté, et, d'après les renseignements recueillis, fusillé le lendemain.

Pendant ces opérations, nos chasseurs alpins s'étaient rapprochés et avaient dessiné une contre-attaque. Une balle française, pénétrant par une verrière, brisa trois doigts à l'oberleutnant, et l'ennemi fut chassé du village après avoir laissé sur le terrain 6 morts, emportant 65 blessés. Mais l'œuvre de destruction était accomplie : vingt cinq maisons du petit village avaient été brûlées et quatre seulement, contenant des blessés allemands, avaient été épargnées.

Nos chasseurs avaient vainement essayé d'arrêter les progrès de l'incendie, mais l'ennemi avait eu soin de couper la conduite d'eau. Ces faits sont constatés dans un rapport officiel signé par des témoins du pays. Nous ajouterons que, si l'église n'a pas entièrement flambé, l'usine Garrer Herville, qui faisait vivre les habitants de la contrée, est devenue la proie des flammes.

Dépêches officielles

Premier Communiqué

A notre aile gauche, l'action a continué toujours aussi violente et s'est poursuivie avec des alternatives d'avance et de recul sans importance caractérisée. D'une façon générale, le front de combat n'a pas sensiblement varié depuis le 10 novembre dans la soirée. Il passe par la ligne Lombaertzyde-Nieuport-canal de Nieuport à Ypres-avancées d'Ypres dans la région de Zonnebeke et est d'Armentières.

Aucune modification sur les positions tenues par l'armée britannique, qui a repoussé les attaques de l'ennemi, et notamment une offensive tentée par des éléments de la garde prussienne.

Depuis le canal de La Bassée jusqu'à l'Oise, actions de détail. Dans la région de l'Aisne, autour de Vailly, nous nous sommes maintenus vis-à-vis d'une contre-attaque; nous avons consolidé le terrain reconquis précédemment.

Dans la région de Craonne, à la ferme Heurtebise, notre artillerie est pervenue à réduire au silence l'artillerie ennemie, dont elle a même démoli quelques pièces.

Quelques progrès également autour de Berry-au-Bac.

Dans l'Argonne, en Woëvre, en Lorraine et dans les Vosges, les positions respectives ne sont pas modifiées.

Deuxième Communiqué

Au Nord, nous avons tenu sur toutes nos positions. L'ennemi a cherché à déboucher de Dixmude par une attaque de nuit; il a été repoussé.

Nous avons repris l'offensive contre l'ennemi qui avait franchi l'Yser et nous l'avons refoulé sur tous les points, sauf en un endroit où il occupe encore 2 à 300 mètres sur la rive gauche.

Au centre, nous avons gagné quelque terrain dans la région de Tracy-le-Val, au nord-est de la forêt de Laigle.

Dans l'Argonne, les attaques très sérieuses des Allemands n'ont abouti à rien.

13 NOVEMBRE 1914

Les troupes françaises progressent au sud de Bixschoote et à l'est d'Ypres. — Prise de Tracy-le-Val (Aisne). — Deux sous-marins allemands sont coulés près de Douvres. — Déclaration de guerre de la Turquie à la Russie, l'Angleterre et la France. — Les troupes allemandes commencent leur offensive contre les Russes dans la région de Thorn.

Situation des armées sur le front occidental

— La bataille a continué toute la journée, particulièrement violente entre Dixmude et la Lys. Malgré l'énergique offensive déployée par les Allemands, nous avons tenu toutes nos positions, nous avons avancé un peu au-delà de Bixschoote et à l'est d'Ypres et résisté partout ailleurs. Le bombardement d'Ypres et d'Armentières par l'ennemi continue d'une façon intensive et ces deux villes sont presque complètement détruites. Les renforts parvenus aux Allemands leur permettent donc deux actions simultanées sur Ypres et sur l'Yser, mais il est agréable de constater que leurs efforts sont infructueux et qu'ils continueront à se briser sur les ouvrages défensifs que nous occupons en Flandre.

Partout ailleurs, et notamment de l'Oise aux Vosges, nos progrès se continuent, lentement mais sûrement ; nous avons réoccupé Tracy-le-Val (Aisne), nous avons progressé au nord-est de Soissons, également autour de Saint-Mihiel et dans la région de Pont-à-Mousson; nous avons enlevé, disent les communiqués officiels, un détachement ennemi en nous emparant du bourg de Val-et-Châtillon, près de Cirey-sous-Vezouze (Meurthe-et-Moselle). En résumé, la situation est satisfaisante et les craintes que l'on avait pu éprouver en apprenant la prise de Dixmude sont dissipées.

F. B.

Nouvelles diverses publiées par les journaux

— Nos troupes viennent de découvrir, en avant de Ramscapelle, quatre canons allemands de gros calibre et une quantité abondante de munitions qui avaient été enterrés par les Allemands dans leur retraite; quand les eaux auront baissé, ces canons pourront être réparés et mis en service.

— Le prince que l'on disait malade ou mort à Strasbourg ne serait pas le Kronprinz, qui commande les armées allemandes de l'Est, mais probablement le duc de Brunswick, gendre du Kaiser.

— Un croiseur français a capturé, dans la Méditerranée, un vapeur ayant à bord 150 Allemands. Les prisonniers ont été dirigés sur Perpignan.

— La date de la convocation des Chambres françaises à Paris paraît devoir être du 15 au 25 décembre prochain. Les membres de la Chambre et du Sénat qui sont sous les drapeaux recevront un congé pour assister à cette session extraordinaire.

— En Prusse orientale, les Allemands ont subi une importante défaite à l'ouest de Kalish ; ils ont éprouvé des pertes considérables et abandonné 12 pièces de gros calibre.

En Galicie, trois armées russes s'avancent sur Cracovie pour procéder à son investissement. Le siège de Przemysl continue.

— On télégraphie de Cettigne qu'une grande bataille est engagée près de Grahovo. Les troupes monténégrines, inférieures aux Autrichiens, se tiennent sur la défensive ; elles ont repoussé plusieurs attaques autrichiennes.

— Emouvante odyssée d'une compagnie. — C'est une singulière et émouvante odyssée que celle d'une compagnie du 140e d'infanterie. Cette compagnie, la 12e, commandée par le capitaine Blandin, fut le 28 août encerclée au milieu des bois par les troupes allemandes ; officiers et soldats résolurent de rejoindre à tout prix les lignes françaises. La petite troupe comptait environ 300 hommes et 40 officiers.

Elle chercha à percer les lignes ennemies. A minuit, le détachement attaqua le village de R..., une première barricade fut enlevée; une deuxième l'est aussi. Sous un feu violent, l'avant-garde perd la moitié de son effectif. Le capitaine Blandin, blessé d'une balle à la cuisse, ne marche qu'avec l'aide de deux soldats. Cette deuxième barricade escaladée, l'avant-garde se trouve en présence de nouvelles défenses constituées par des treillis en fil de fer, et après deux charges, malgré ses instances, on emporte le capitaine Blandin. « Le salut de la compagnie seul importe, dit-il au lieutenant Bernard, prenez le commandement et marchez de l'avant. »

Le temps presse. Le détachement se jette dans la forêt. Réduit à 80 hommes, il combat sans trêve. Epuisé de fatigue et de faim, sans nourriture depuis quarante-huit heures, il perd 55 hommes ; ceux qui restent se nourrissent avec des pommes de terre. Il pleut. Il fait froid. Des hommes qui cherchent leur subsistance sont faits prisonniers.

Le 1er octobre, le détachement ne compte plus que 17 hommes ; blottis la journée sous les roches, ne sortant que la nuit, ils attendent stoïquement que l'avance, tous les jours espérée, des troupes françaises, leur permette de les rejoindre.

Dans la nuit du 16 au 17 octobre, le lieutenant Bernard veut tenter un dernier effort pour gagner nos lignes. Seul, le soldat Morand de Jouffrey est en état de le suivre, le reste du détachement est complètement épuisé. Tous les hommes sont perclus de douleurs. Le plus grand nombre ont les pieds enflés; il a fallu supprimer les souliers. Ceux qui partent et ceux qui restent, et qui durent se rendre le lendemain, s'embrassent en pleurant. Le chef du détachement fait enterrer les armes et console ceux qui demeurent en affirmant que l'honneur de tous est sauf.

Le 20 octobre, après trois marches de nuit au travers des bois, le lieutenant Bernard et son dernier soldat parviennent enfin à rentrer dans les lignes françaises. Leur séjour au milieu des troupes allemandes avait duré cinquante-huit jours.

Fait chevalier de la Légion d'honneur, le lieutenant Bernard est aujourd'hui capitaine.

Le soldat Morand de Jouffrey a reçu la médaille militaire; il a été promu sous-lieutenant.

— LE QUESNOY-EN-SANTERRE ENLEVÉ A LA BAÏONNETTE. — Le correspondant spécial du *Times* entre la Marne et l'Aisne, dans une lettre datée du 10 novembre, montre quel succès considérable a été pour nos armes la prise de Quesnoy-en-Santerre.

L'avance de l'infanterie française avait été préparée dans la soirée du 28 octobre par une violente canonnade; quand l'ennemi eût été soumis pendant plusieurs heures à une terrifiante grêle d'obus, l'infanterie française abandonna les tranchées où elle s'abritait depuis plusieurs semaines et s'avança sur le petit village du Quesnoy.

Nos alliés étaient en formation extrêmement étendue et attaquèrent la place simultanément de tous côtés. L'ordre de chargé fut donné; la fusillade cessa et les hommes se précipitèrent en avant baïonnette au canon. La lutte qui eut lieu dans les rues fut brusque et décisive; les sections allemandes de mitrailleuses avaient heureusement été mises hors de service et le combat dans le village, dans les tranchées, à l'angle de chaque maison fut un corps à corps sanguinaire. Les Allemands lâchèrent pied et s'enfuirent, laissant des canons et des prisonniers aux mains des Français.

Dans la journée du lendemain et dans la nuit qui suivit, l'ennemi fit plusieurs contre-attaques, mais l'artillerie et l'infanterie françaises avaient, sans perdre de temps, consolidé leurs positions. Les Allemands qui s'obstinent à attaquer en formation compacte furent fauchés en nombre considérable.

En mettant le pied pour la première fois sur le plateau de Vregny, les Français ont pris possession d'un point important. Par ce plateau passe la route de Paris à Bruxelles par Laon; il est légèrement ondulé et se termine à l'ouest par des pentes à pic commandant trois vallées de Margival où passe la ligne de chemin de fer de Paris à Laon; à l'est, une autre vallée également profonde est commandée par le village de Vrêgny, qui est situé sur un étroit promontoire entre deux ravines ; en face se trouve le fort de Condé.

Dépêches officielles

Premier Communiqué

Depuis la mer jusqu'à la Lys, l'action a présenté un caractère de violence moindre qu'au cours des journées précédentes. Plusieurs tentatives des Allemands pour franchir le canal de l'Yser à la sortie ouest de Dixmude et sur d'autres points de passage en amont ont été arrêtées. Dans l'ensemble, nos positions se sont maintenues sans changement au nord, à l'est et sud-est d'Ypres. Des attaques ennemies ont été repoussées en fin de journée sur diverses parties de notre ligne et de celle de l'armée britannique.

Depuis la région à l'est d'Armentières jusqu'à l'Oise, canonnade et actions de détail.

Au cours des dernières journées de brouillard, nos troupes n'ont cessé de progresser peu à peu. Elles sont établies presque partout maintenant à des distances variant de 300 à 50 mètres des réseaux de fil de fer de l'ennemi.

Au nord de l'Aisne, nous nous sommes emparés de Tracy-le-Val, à l'exception du cimetière au nord-est de ce village. Nous avons progressé légèrement à l'est de Tracy-le-Mont et au sud-est de Nouvron, ainsi qu'entre Crouy et Vregny, au nord-est de Soissons. Dans la région de Vailly, une contre-attaque allemande contre celles de nos troupes qui avaient repris Chavonne et Soupir a été repoussée.

Même insuccès allemand dans les environs de Berry-au-Bac.

Dans l'Argonne, violente canonnade.

Quelques progrès de détail autour de Saint-Mihiel et dans la région de Pont-à-Mousson. Un coup de main tenté par nos troupes contre le village de Val-et-Châtillon, près de Cirey-sur-Vezouze, a permis d'enlever un détachement ennemi.

Une attaque allemande sur les hauteurs du col de Sainte-Marie a échoué.

On signale que la neige a commencé de tomber sur les Hauts-de-Vosges.

Deuxième Communiqué

De la mer à la Lys, l'action allemande a été moins vive et sur quelques parties du front nous avons nous-mêmes repris l'offensive.

Nous avons progressé au sud de Bixschoote. A l'est d'Ypres, nous avons repris, par une contre-attaque, un hameau qui avait été perdu. Au sud d'Ypres, nous avons repoussé une offensive de la garde prussienne.

Sur le reste du front on ne signale que des canonnades.

14 NOVEMBRE 1914

Mort, au quartier général anglais, du maréchal Lord Roberts. — De violentes attaques allemandes entre La Bassée et Arras sont repoussées. — Les forts turcs de Sheikh-Saïd (Mer Rouge) sont détruits par un croiseur anglais.

Situation des armées sur le front occidental

— L'armée allemande de Belgique paraît fatiguée du vigoureux effort qu'elle a donné contre les positions alliées pendant les trois ou quatre jours qui viennent de s'écouler. Les renforts qu'elle avait reçus étaient sans doute insuffisants puisque le seul résultat qu'elle a obtenu est la prise de Dixmude, et encore la prise de cette localité paraît lui être peu avantageuse, cette position offre peu de sécurité. Les Allemands n'ont pas pu s'emparer d'Ypres, ils ont fait donner leurs troupes d'élite, ils ont lancé la garde prussienne, ils ont employé le système de l'attaque en masses compactes, avec des effectifs considérables, tout a échoué devant l'énergique résistance des armées alliées; à peine avaient-ils réussi à faire pénétrer des troupes dans la ville, qu'elles étaient rejetées à la baïonnette. Les pertes des Allemands, nous disent les communiqués anglais, ont été considérables. Aujourd'hui on ne signale dans le Nord que quelques tentatives sur Nieuport et au sud-est d'Ypres, tentatives qui ont toutes échoué.

En Argonne, une bataille assez violente s'est engagée hier; les Allemands avaient comme objectif la réoccupation du Four-de-Paris et de Saint-Hubert, le communiqué officiel nous dit que cette tentative a complètement échoué. Après de semblables attaques, nous pouvons attendre patiemment l'épuisement complet de l'ennemi.

F. B.

Nouvelles diverses publiées par les journaux

— On annonce la mort de M. Nortier, député et maire de Neuilly, capitaine de territoriale, tué dans un combat près d'Ypres.

— Un télégramme d'Amsterdam fait connaître qu'une mutinerie des Bavarois s'est produite à Alost. 500 hommes ont refusé de partir pour le front. On ignore la répression dont ils ont été l'objet.

— En Prusse orientale, la marche en avant des Russes se continue sans interruption.

En Pologne, deux armées menacent Cracovie, l'une venant de Miechow, l'autre de Tarnow. L'armée du nord (Miechow) a déjà commencé l'attaque des ouvrages avancés. Le siège de Przemysl, qui avait été abandonné lors de l'offensive austro-allemande, est repris avec une nouvelle intensité; il reste encore à réduire le fort de Sanok, où les Autrichiens résistent encore.

Les Russes ont capturé, le 11 novembre, près de Rypur, les deux lieutenants aviateurs allemands Merez et Polde, ainsi que leur appareil qui est en bon état; c'est à la suite d'une panne que les dragons russes se sont emparés d'eux.

— Il se confirme de Pétrograd que des avances de paix ont été faites par la diplomatie allemande à la diplomatie russe. La Russie est restée sourde à ces avances et un personnage haut placé a déclaré que « ce ne serait que lorsque les Allemands auraient été chassés de Belgique et de France que des conventions de cette nature pourraient être entamées ».

— Un télégramme de Copenhague donne connaissance d'une proclamation du Kaiser à ses armées de Silésie. Il leur demande de tenir tête aux Russes jusqu'à ce que les armées opérant en Belgique aient occupé Calais et Boulogne.

— Douze canonnières turques se sont retirées dans les

ports neutres de Massouah et de Assad. Les autorités italiennes ont, paraît-il, pris des mesures pour que les canonnières soient désarmées.

— Sur mer, on apprend qu'une activité extraordinaire règne parmi la flotte allemande qui se trouve dans le canal de Kiel.

— Les journaux de Londres disent que deux sous-marins allemands qui opéraient des reconnaissances dans les environs de Douvres ont été coulés, l'un par un explosif et l'autre à la suite d'une canonnade. En outre, un torpilleur de Dunkerque, qui vient de rentrer au port légèrement avarié, dit avoir coulé un sous-marin allemand au large de Westende. Le commandant du torpilleur ayant aperçu le périscope du sous-marin, fit effectuer une manœuvre rapide et fonça à toute vitesse sur le sous-marin qui disparut, laissant à la surface de l'eau une immense masse d'huile.

— Leur échec sur Ypres. — Le ministère de la guerre communique ce soir la note suivante :

« Le 11 novembre, le corps de la garde prussienne a violemment attaqué la partie de la ligne tenue par le premier corps d'armée devant Ypres. L'ennemi fin un effort acharné pour rompre la ligne qu'il espérait être déjà affaiblie par les attaques de l'infanterie. Dès le lever du jour et durant trois heures, nos troupes subirent le plus fort bombardement qu'elles aient encore eu à supporter. Ce bombardement fut suivi d'un assaut furieux mené par les première et quatrième brigades du corps de la garde prussienne. On pense que ces troupes d'élite avaient été engagées ainsi afin de forcer le passage aux points où les efforts précédents de l'infanterie avaient échoué. L'attaque fut poussée avec le plus grand courage et le plus grand acharnement. Grâce à la bravoure de nos troupes et à leur splendide résistance, contre des forces supérieures, les tentatives de l'ennemi pour pénétrer jusqu'à Ypres furent repoussées. Mais l'ennemi, par le poids de sa force, réussit à traverser notre ligne sur trois points. Il fut d'ailleurs rejeté en arrière et ne put gagner du terrain plus avant.

Les Allemands ont subi des pertes immenses; 750 d'entre eux ont été trouvés morts sur le terrain, rien que derrière nos tranchées avancées. Leurs pertes en tués et blessés doivent avoir été énormes. Nos pertes ont été lourdes.

L'action de nos troupes ne peut être louée trop haut.

— UNE LEÇON. — Sur le front russe, le grand-duc Nicolas, généralissime, inspecte les dames de la Croix-Rouge : une centaine d'infirmières.

Le grand-duc prend la parole :

« Que celles de vous, Mesdames, qui désirent soigner spécialement des officiers veuillent bien sortir du rang ! »

Soixante dames s'avancent avec empressement.

Le grand-duc reprend :

« Comme j'ai besoin de femmes dévouées pour soigner nos blessés et que la charité ne saurait comporter de distinctions, je désignerai les quarante plus modestes à votre lieu et place. Vous pouvez rentrer dans le rang ! » — (*Excelsior.*)

Dépêches officielles

Premier Communiqué

En Belgique, une attaque allemande contre la grande tête de pont de Nieuport a échoué. Diverses tentatives d'offensive ennemie dans la région à l'est et au sud-est d'Ypres ont été arrêtées. Aux environs de Bixschoote, nous avons progressé d'un kilomètre vers l'est.

Entre le canal de La Bassée et Arras, nos troupes ont réalisé quelques progrès de détail.

Dans la région de Lassigny et dans celle de l'Aisne, jusqu'à Berry-au-Bac, les Allemands ont attaqué sans succès.

En Argonne, la lutte a recommencé plus vive, l'ennemi a vainement essayé de reprendre le Four-de-Paris et Saint-Hubert.

Autour de Verdun également plusieurs offensives partielles de l'ennemi ont été arrêtées par le feu de notre artillerie, avant que le mouvement en avant de l'infanterie ait pu se déclancher.

En Woëvre et en Lorraine, où a sévi le mauvais temps, rien à signaler.

Deuxième Communiqué

De la mer du Nord à Lille, la journée a été bonne. Deux attaques ennemies, l'une au nord-est de Zonnebeke, l'autre au sud d'Ypres, ont été repoussées, la dernière avec de grosses pertes pour les Allemands. Entre le canal de La Bassée et Arras et dans la région de Lihons, l'ennemi a fait deux tentatives sans résultat.

Rien d'autre à signaler.

---

15 NOVEMBRE 1914

Violentes attaques allemandes sur Saint-Hubert et Apremont. — Un régiment allemand est détruit au sud de Bixschoote. — Une grande bataille russo-allemande est engagée vers Soldau.

Situation des armées sur le front occidental

— On est décidément obligé de reconnaître que les Allemands sont tenaces et que les Français, ainsi que leurs alliés, sont résistants. Seize corps d'armée allemands sont employés depuis plus d'un mois à briser nos lignes dans le Nord, ils n'ont même pas réussi à les faire reculer; bien au contraire, elles avancent chaque jour un peu.

L'ordre du Kaiser est toujours le même : « Occupe Calais et Boulogne à tout prix, afin de pouvoir faire fac ensuite à l'envahissement russe ». Les armées allemandes s ruent sur Nieuport, Dixmude, Ypres, La Bassée et Arras mais partout la ligne est infranchissable. Hier encore, Ypre a été attaqué par le Nord, l'Est et le Sud, mais, dit le com muniqué officiel, les attaques ont toutes été repoussées ave des pertes considérables pour les allemands. Et les russe avancent avec rapidité.

Un télégrame d'Amsterdam annonce que toutes les troupe de landwehr en Belgique, ont brusquement quitté les ville pour se concentrer sur une ligne passant par Derseeb Thielt, Wynghem, Ondante et Ruddervoole — c'est-à-dir de la mer à la Lys, à 10 kilom. à l'ouest du chemin de fe de Bruges à Gand. Que vont faire ces troupes? Vont-elle couvrir la retraite de l'armée allemande ou renforcer cett armée pour un nouvel et puissant effort? C'est ce que nou saurons prochainement.

F. B.

Nouvelles diverses publiées par les journaux

— Le 10 novembre, des aviateurs français et anglais on jeté des bombes sur des réservoirs de benzine, à Ostende e à Bruges, les approvisionnements ont été détruits.

— Le *Petit Journal* annonce que des aviateurs français ont survolé les retranchements ennemis en Alsace, qu'ils ont jeté des bombes et laissé tomber de nombreux journaux et des appels à la population alsacienne.

— Un télégramme de Lausanne fait connaître que l'Al lemagne se ravitaille par l'Italie ; que, dernièrement, 300 wagons de blé, de pommes de terre et de viande salée sont passés par la Suisse à destination de l'Allemagne et provenant de Luino (Italie); que 50 wagons chargés d'auto mobiles destinées à l'armée allemande ont également fran chi la frontière.

— On annonce que, le 14 novembre, le maréchal Lord Roberts est mort en France, au quartier général anglais. Il avait pris froid le 12 novembre, alors qu'il faisait en France une visite aux troupes indiennes; il a succombé à une pneumonie.

— M. Caillaux, ancien ministre des finances, s'est embarqué à Bordeaux pour le Brésil. Il est chargé d'une mission financière et économique.

— L'*Echo de Paris* publie une lettre datée de Tananarive, 5 novembre, qui annonce que le *Kœnigsberg* vint à Majunga (Madagascar) et demanda la reddition de la ville. Le commandant répondit qu'il avait comme otages des Allemands et qu'à chaque coup tiré par le croiseur la tête d'un otage tomberait. Le croiseur se retira immédiatement.

— En Prusse orientale, une bataille très violente se livre en ce moment en territoire allemand, dans la région marécageuse des lacs de Mazurie.

— Un communiqué officiel turc confirme que la flotte russe a coulé, dans la mer Noire, trois vaisseaux turcs chargés de troupes et de munitions qui se dirigeaient sur Trébizonde.

— Un diplomate étranger prétend que la Turquie s'est vue obligée de participer aux hostilités en vertu d'un traité qui l'obligeait à appuyer l'Allemagne de ses forces militaires et navales si elle était attaquée par la Russie. L'Allemagne, de son côté, était liée par le même engagement à l'égard de la Turquie. Le diplomate ajoute que ce traité était connu en Angleterre.

— UN OFFICIER REÇOIT LA CROIX DE VICTORIA ET LA CROIX DE FER. — C'était devant Ypres. Les Allemands, dans une violente attaque à la baïonnette contre la tranchée anglaise, avaient été repoussés, emportant leurs blessés. Pendant la nuit suivante, un seul d'entre eux restait sur le terrain. Soudain, des tranchées allemandes, un soldat ennemi bondit, se précipita dans la direction du blessé. Il n'avait pas fait cinq pas qu'il était abattu, foudroyé par vingt balles.

Alors, dans les tranchées anglaises, un ordre bref retentit: « Cessez le feu! »

Un officier sortit de son abri. Les Allemands, à leur tour, l'accueillirent par une grêle de coups de feu. Grièvement blessé, il chancela, se ressaisit, continua sa course. Les ennemis avaient compris, ils s'arrêtèrent de tirer. Malgré la perte de son sang, malgré la douleur de sa blessure, l'officier se pencha vers le blessé ennemi, le souleva, le porta dans la tranchée allemande.

Des hourras s'y élevèrent, hourras d'admiration et de reconnaissance. Comme il déposait son fardeau, un officier ennemi bondit en vue de tous, arracha sa croix de Fer, l'épingla sur la poitrine du héros. Celui-ci salua, revint au pas. Le soldat allemand qui aurait tiré sur lui se serait fait écharper par ses camarades, et les lignes des deux partis retentissaient d'acclamations.

Revenu à sa place, ses forces trahirent l'officier, qui s'évanouit. Il fut proposé pour la croix de Victoria, mais la blessure était mortelle, et c'est sur un cercueil que fut déposée cette décoration, qui aura rarement récompensé un acte plus beau et plus digne à la fois d'un soldat et d'un gentleman.

Dépêches officielles

Premier Communiqué

La journée d'hier, relativement calme sur le front, a été caractérisée principalement par des luttes d'artillerie. Toutefois, les Allemands ont tenté à nouveau plusieurs attaques au nord, à l'est et au sud d'Ypres; elles ont été repoussées avec des pertes considérables pour eux. En résumé, tous les efforts faits par les Allemands ces jours derniers n'ont abouti qu'à la prise du village en ruines de Dixmude, dont la position isolée sur la rive droite du canal rendait la défense difficile.

Entre la Lys et l'Oise, les travaux d'approche ont continué sur la majeure partie du front.

Sur tout le reste du front jusqu'en Lorraine et dans les Vosges, simples canonnades ou actions de détail sans importance.

Deuxième Communiqué

L'incident le plus notable de la journée a été le rejet de l'ennemi sur la rive droite du canal de l'Yser. La partie de la rive gauche que les Allemands tenaient encore a été complètement évacuée.

Nous avons repris, au sud de Bixschoote, un petit bois qui avait été perdu à la suite d'une attaque de nuit.

A la fin de la journée, l'ennemi a tenté sans succès une offensive au sud d'Ypres.

Sur le reste du front, rien à signaler.

---

16 NOVEMBRE 1914

Les zouaves de la brigade marocaine enlèvent un bois à la baïonnette, au nord de Hetsas (Belgique). — La flottille de la mer du Nord bombarde Knocke et Zeebrugge. — Violents combats autour de Vailly et à Apremont. — Le croiseur allemand « Berlin » est désarmé à Trondhjem (Norvège).

Situation des armées sur le front occidental

— La bataille, dans le Nord, dure toujours, un peu moins violente cependant qu'il y a quelques jours. De Nieuport au sud de Dixmude, on signale un simple duel d'artillerie, du reste, le terrain a été inondé à nouveau ; cette douche a assurément calmé l'ardeur des Allemands. Une attaque allemande au sud de Bixschoote, répondant à notre offensive, a eu pour résultat la destruction entière d'un régiment allemand. Au sud-est d'Ypres, les ennemis ont été rejetés au-delà de leur ligne.

Sur le front, de l'Oise aux Vosges, les communiqués officiels ne signalent qu'une attaque allemande sur Saint-Hubert et une autre dans la région de Saint-Mihiel, au bois d'Apremont, elles ont échoué toutes deux.

Un calme relatif règne donc sur l'ensemble du front, surtout si l'on tient compte des journées sanglantes qui viennent de s'écouler.

Les Allemands auraient, paraît-il, réussi à réoccuper Lombartzyde, à l'est de Nieuport, dans leur attaque contre cette localité, le 13 novembre dernier.

F. B.

Nouvelles diverses publiées par les journaux

— La ville de Lille est toujours entre les mains des Allemands, elle n'a souffert du bombardement que deux jours, avant le 13 octobre; les villes de Roubaix et de Tourcoing ont jusqu'alors été épargnées, mais les Allemands y font de nombreuses réquisitions.

— Le journal allemand *Vorvaerts* publie qu'un officier français détenu à Halle vient d'être condamné à six mois de prison « pour n'avoir pas obéi à un soldat allemand et lui avoir manqué de respect en riant ».

— Il tombe de la neige dans les Vosges, et il paraît que l'artillerie lourde allemande se trouve immobilisée. Des régiments entiers sont employés pour déblayer les routes.

— En Prusse orientale et sur la ligne Thorn-Cracovie, les troupes russes et allemandes sont en contact partout, et une dépêche adressée de Pétrograd au journal *Le Matin*, en date du 15 novembre, fait connaître qu'une grande bataille est engagée de Kalisz à Cracovie. C'est une des principales phases de la guerre qui se déroule en ce moment sur la frontière de Pologne, son résultat aura une grande

influence sur l'ensemble des opérations contre l'Allemagne.
— LA MUTINERIE DANS L'ARMÉE AUTRICHIENNE. — *La révolte d'un régiment*. — Un soldat de l'armée autrichienne, prisonnier en Russie, raconte dans le journal *Prikarpatskaïa Rus*:

« J'étais appelé comme réserviste à la 1ʳᵉ compagnie du 2ᵉ bataillon du 80ᵉ régiment de Zloczew. Deux bataillons de ce régiment ont été envoyés par chemin de fer à Krasnoié, et de là vers Zabolotzy, qui, suivant le dire des fugitifs, avait été pris par les cosaques. A Burzsk, nous avions dû attendre l'arrivée de deux autres bataillons de notre régiment. Les forces des Russes étaient très importantes. Nous sommes restés campés à Kont, et pendant le repos, nos officiers nous tenaient des discours patriotiques, disant qu'il faudra combattre les Russes, qui sont des « Asiates sauvages ».

« En réponse au discours du commandant du 4ᵉ bataillon, qui avait tenu ces propos, une voix partant des rangs s'est fait entendre: « Les Russes ne sont pas des Asiates; ils sont « nos frères, et nous ne tirerons pas sur eux. »

« L'émotion provoquée par ces paroles a gagné tout le régiment. Des cris: « Nous ne tirerons pas sur les Russes! » partaient de tous les côtés. Les officiers étaient confus; ils demandèrent à leurs hommes de désigner les mutins, mais personne ne s'est trouvé pour commettre la trahison.

« Nous avons alors reçu l'ordre de retourner à Krasnoié. A l'arrivée, nos officiers nous dirent que ceux qui ne voulaient pas combattre les Russes pouvaient se séparer du régiment, et on les enverrait combattre ailleurs, sur les champs de la Serbie et en Belgique.

« Les hommes n'ont pas compris quel guet-apens jésuitique on leur tendait et en réponse du commandement: « Les amis des Russes marchent en avant », chaque bataillon était quitté par un tiers environ de ses hommes. J'étais dans le nombre de ces derniers.

« On nous a séparés du reste du régiment (nous formions

plus d'un bataillon), et on nous a laissés sous le commandement du capitaine Leimsner; les autres ont été mis à part, et ordre a été donné de les fusiller. Les survivants devaient immédiatement filer sur la Hongrie. Quant à nous, nous étions détenus dans les champs encore deux jours, sans alimentation aucune.

« Lorsque plusieurs bataillons hongrois sont venus à Krasnoié, le capitaine Leimsner s'approcha du premier de nous et lui brûla la cervelle avec son revolver. Mais immédiatement un coup partit dans nos rangs, et le capitaine tomba raide mort à côté de sa victime. On nous a immédiatement désarmés, et en nous groupant par seize, on nous fusillait. Il me souvient d'avoir entendu seulement le cri: « Feu! », car j'ai perdu aussitôt connaissance.

« Le lendemain matin, je me suis réveillé. Le soleil venait de se lever, et devant mes yeux apparut une scène dont le souvenir ne s'effacera jamais de ma mémoire. Sur la terre gisaient des centaines de camarades tués. Parmi eux, j'étais le seul qui soit resté vivant. »

Dépêches officielles

Premier Communiqué

Le long du canal de l'Yser, de Nieuport jusqu'en amont de Dixmude, il n'y a eu, dans la journée d'hier, qu'une simple canonnade. De nouvelles inondations ayant été tendues, le terrain immergé se prolonge actuellement au sud de Dixmude jusqu'à cinq kilomètres au nord de Bixschoote. Les forces ennemies qui avaient tenté de franchir le canal, entre la région de Dixmude et celle de Bixschoote, ont toutes été refoulées au-delà des ponts. Un régiment allemand a été entièrement détruit au sud de Bixschoote.

Au sud-est d'Ypres, deux autres attaques des Allemands ont été repoussées. Nous avons de notre côté pris l'offensive et reconquis quelques points d'appui, dont l'ennemi avait pu se rendre maître il y a quelques jours.

Entre la Lys et l'Oise, on ne signale que des opérations de petites unités et des progrès partiels de nos travaux d'approche.

Dans la région de l'Aisne et en Champagne, canonnades sans résultat.

Dans l'Argonne, Saint-Hubert a été encore attaqué sans succès par les Allemands.

Dans la région de Saint-Mihiel, l'ennemi a échoué dans un coup de main tenté sur le bois d'Apremont.

Dans les Vosges, peu d'activité.

Deuxième Communiqué

Situation sans modification.

---

17 NOVEMBRE 1914

Destruction, dans la région d'Ypres, de plusieurs canons allemands. — L'artillerie lourde française détruit 3 pièces allemandes de 77 à Vieil-Arcy. — Les zouaves repoussent une offensive allemande à Tracy-le-Val. — Deux bataillons allemands sont repoussés à Sainte-Marie-aux-Mines, ils perdent la moitié de leur effectif. — Les Français occupent une partie de Chauvoncourt, près Saint-Mihiel.

Situation des armées sur le front occidental

— Les communiqués officiels d'aujourd'hui donnent des renseignements intéressants et circonstanciés sur les opérations de guerre, qu'ils nous montrent très importantes et favorables aux armes des alliés. Les Allemands persistent à passer l'Yser, malgré l'inondation, et à percer nos lignes vers Ypres. C'est sur ces deux points que se sont encore déroulées les principales opérations de guerre. Entre Nieuport et le sud de Dixmude, l'inondation les gagne à nouveau, ils essayent sans succès de l'enrayer car leurs travaux sont détruits aussitôt par notre artillerie. Sur Ypres, deux attaques: l'une au Nord, l'autre au Sud, ont complètement échoué. Ils perdent sur ces deux points des régiments entiers sans pouvoir obtenir le moindre résultat.

Dans la région de Saint-Mihiel, les troupes françaises se sont emparées des premières maisons de Chauvoncourt, sur la rive gauche de la Meuse, c'est la seule localité encore occupée par les Allemands sur cette rive du fleuve.

F. B.

Nouvelles diverses publiées par les journaux

— On annonce que le roi Albert vient de décorer de l'ordre de Léopold le gardien des écluses de Nieuport, qui eut l'idée de donner le moyen d'inonder les tranchées allemandes le long du canal de l'Yser. Il expliqua à l'état-major qu'en utilisant le remblai du chemin de fer comme digue et en rompant le lit du canal à certaines places, une grande partie de la région serait recouverte d'eau. Aussitôt, la conduite souterraine du talus de la voie ferrée fut obstruée, le feu des canons lourds ouvrit des brèches sur différents points du canal et l'eau se répandit à flots dans les alentours.

— Deux avions des alliés ont été vus le 8 et le 9 novembre, dit la *Gazette de Voss*, planant sur un hangar de dirigeables à Rheinau, puis à Schwetzingen, dans la direction de Darmstadt.

— Le prince Oscar de Prusse, cinquième fils du kaiser, qui était en traitement au château de Hambourg, pour faiblesse du cœur, doit retourner au front cette semaine.

— Un télégramme de Rotterdam annonce qu'un zeppelin a été détruit par l'ouragan du 15 novembre.

— Il se confirme que le parlement français sera convoqué à Paris le mardi 22 décembre. M. Pierre, secrétaire de la présidence, doit partir aujourd'hui de Bordeaux pour Paris.

— L'armée russe, continuant sa marche irrésistible contre les austro-allemands, a commencé l'investissement de Cracovie par le Nord, le 14 novembre; un télégramme de Rome annonce que la ville est en flammes et que la population s'enfuit précipitamment. La bataille se continue sur tout le front, mais avec plus de violence de Thorn à Soldau.

Les Russes ont, paraît-il, deux millions d'hommes contre les Autrichiens et une réserve de un million d'hommes afin de combler aussitôt, même pendant la bataille, les vides des effectifs engagés.

Les Russes ont abattu deux avions allemands, l'un à Klock et l'autre près de Pétrikan.

— On mande de Berlin que les Russes ont imposé aux villes qu'ils ont conquises en Prusse orientale une indemnité de guerre équivalente à celle que les Allemands ont demandé aux villes belges de même importance.

— Un télégramme de Cettigné fait connaître que les Monténégrins ont résisté victorieusement aux attaques autrichiennes à Grabovo. Après une bataille très violente, l'armée autrichienne vaincue a dû battre en retraite.

— EPISODE DE LA BATAILLE D'YPRES. — On sait avec quelle obstination les Allemands ont attaqué dans les journées du 10 au 12 novembre les troupes anglaises du côté d'Ypres. Le communiqué officiel anglais a fait une allusion à la magnifique résistance des soldats britanniques, dont l'exploit héroïque restera comme une des plus belles pages de l'histoire de la Grande-Bretagne.

De fait et par le récit suivant, on jugera mieux de la fureur des assauts ennemis et de l'énergie surhumaine que durent déployer nos alliés pour les briser.

Il était sept heures du soir, le 10, l'état-major prenait son repas, quand un planton vint remettre à un général un pli du colonel de service aux avant-postes. Ce pli annonçait l'approche de l'ennemi qui suivait la route qui conduit à Zonnebeke, en forte colonne, la cavalerie encadrant l'infanterie, dix batteries d'artillerie et deux grosses pièces.

Le général anglais donna l'alarme, hâta le départ de ses troupes et vint les placer près Zonnebeke, où la route coupe deux fois la voie ferrée de Roulers à Ypres. Il fit installer ses canons à un poste de télégraphie sans fil et son artillerie ouvrit le feu.

L'ennemi ne répondit pas. La télégraphie sans fil fonctionna, et d'Ypres arrivèrent des avions britanniques et des projecteurs. Lorsque la lumière aveuglante se projeta sur le sol, on aperçut à 200 mètres de Zonnebeke l'armée allemande qui s'avançait droit sur nos alliés. C'était là une surprise que les Boches voulaient leur ménager: ils ne pensaient pas être attendus. Les projecteurs éclairèrent de nouveau leur masse et découvrirent que l'infanterie ennemie était uniquement composée par la garde prussienne.

Les Bavarois n'avaient pas suffi les jours précédents, on faisait donner la garde, et la bataille commença d'abord par quelques coups de feu espacés, puis soudain le fracas terrible d'une fusillade intense du côté allemand: le feu se faisait au commandement.

Le premier rang était couché à terre, le second à genous, les autres debout. Dès qu'un homme tombait, le suivant prenait automatiquement sa place. Les rangs allemands s'ouvrirent tout à coup et les mitrailleuses apparurent. La situation des Anglais était critique. Leur général ordonna la charge à la baïonnette. A la tête de son régiment, un colonel s'élance et crie ces mots: « Pour l'honneur de l'Angleterre! » Devant le régiment, la route droite; de chaque côté, la plaine et un talus du chemin de fer, et pas un arbre.

Qu'importe, la garde prussienne chancela lentement, irrésistiblement. Les Anglais creusaient leur sillon rouge, et ce fut dans les rangs allemands, soudain, la débandade. Un clairon anglais sonna un air de victoire, et la garde, la fameuse garde se sauva. Zonnebeke restait aux alliés. La méprisable armée anglaise avait vaincu le corps d'élite du kaiser.

— L'EXPLOIT D'UN BRAVE. — Le général Herment, qui commande à Périgueux les dépôts de la garnison de cette ville et les dépôts du Nord répartis en Dordogne, s'est rendu à l'hôpital, en compagnie de plusieurs officiers, pour remettre au cavalier blessé Léon Mèze, la médaille militaire gagnée par sa bravoure sur le champ de bataille.

L'exploit de cet intrépide soldat mérite d'être signalé en détail :

Pendant la soirée du 10 août, à Saint-Laurent-sur-Meuse, le cavalier Léon Mèze revenait avec son lieutenant de porter un ordre du général Cordonnier. Soudain, une patrouille ennemie, composée d'un officier et de trois uhlans, fonça sur le lieutenant. Les hommes de la patrouille et l'officier dégaînèrent... Mèze arracha d'abord le sabre du lieutenant allemand et, avec cette arme, le transperça. Puis, s'élançant sur les deux cavaliers, il les abattit à ses pieds. Mais, aux cris poussés par les blessés, six autres uhlans surgirent d'un taillis. Sans hésiter, notre brave militaire courut sur eux et tua les deux premiers. Atteint au poitrail, le cheval de Mèze s'affaissa à ce moment. Bien qu'engagé sous sa monture, Mèze ne se rendit pas. Il continua à parer les coups que ses adversaires lui décochaient et dans cette lutte inégale, brisa son sabre contre la lance d'un ennemi...

D'un suprême effort, il réussit enfin à se dégager de dessous son cheval, et, crânement, il s'apprêtait à foncer sur les quatre uhlans qui restaient devant lui, lorsqu'une balle de carabine l'atteignit au genou. Mèze tomba et fit le mort. La supercherie réussit. Les uhlans s'éloignèrent, non sans l'avoir piqué deux ou trois fois chacun avec leur lance.

Le général Herment a vivement félicité ce brave et lui a donné l'accolade. — (Du *Petit Journal*.)

Dépêches officielles

Premier Communiqué

A Nieuport, devant Dixmude et dans la région d'Ypres, la canonnade a repris plus violente que dans les jours précédents. Sur le canal au sud de Dixmude, l'action de notre artillerie a arrêté les travaux qu'exécutaient les Allemands pour s'opposer à l'inondation. L'ennemi a dû évacuer une partie de ses tranchées, atteintes par l'eau. Deux attaques d'infanterie allemande, l'une au sud de Bixschoote, l'autre au sud d'Ypres, ont échoué. De notre côté, nous avons marqué des progrès entre Bixschoote et le canal.

Entre Armentières et La Bassée, lutte d'artillerie particulièrement vive.

Sur l'Aisne, des fractions allemandes qui avaient essayé de passer la rivière à proximité de Vailly ont été refoulées ou détruites. Sur nos positions de la rive droite, en amont de Vailly, violente canonnade, ainsi que dans la région de Reims; quelques obus sont encore tombés sur la ville.

En Argonne, il n'y a pas eu d'action d'infanterie. Nous avons fait sauter à la mine un certain nombre de tranchées allemandes.

Dans les Hauts-de-Meuse, au sud de Verdun, nous avons avancé sur plusieurs points. Dans la région de Saint-Mihiel, nous nous sommes emparés des premières maisons du village de Chauvoncourt (casernes de la garnison de Saint-Mihiel). Ce village constitue le seul point d'appui encore tenu par les Allemands sur la rive gauche de la Meuse, dans cette région.

Sur le reste du front, rien d'important à signaler.

Deuxième Communiqué

Aux dernières nouvelles, l'ennemi a renouvelé à l'est et au sud d'Ypres des attaques qui n'ont pas modifié la situation. L'impression est satisfaisante. Depuis deux jours, nous avons enregistré des progrès plus ou moins marqués, partout où nous avons attaqué: à Hetsas, sur l'Yser, entre Armentières et Arras, dans la région de Vailly, dans l'Argonne et sur les Hauts-de-Meuse.

---

18 NOVEMBRE 1914

Les Allemands font sauter les casernes de Chauvoncourt que les Français avaient occupées. — Une escadre allemande bombarde Libau, sur la Baltique. — Combat naval dans la mer Noire ; le « Goeben » est avarié.

Situation des armées sur le front occidental

— Un ralentissement dans les attaques de l'infanterie allemande, dû sans doute aux grosses pertes qu'elle a subies, est signalé sur l'ensemble du front, dans les Flandres; on ne signale que quelques attaques isolées, et de nombreuses canonnades.

On considère maintenant comme impossible une offensive vigoureuse des Allemands dans le Nord, pouvant leur ouvrir la route de Calais, surtout depuis qu'ils ont fait donner leurs troupes d'élite, notamment la garde prussienne, sans obtenir d'autre résultat que d'éprouver des pertes considérables en hommes et en matériel de guerre.

F. B.

Nouvelles diverses publiées par les journaux

— Un journal de Genève fait remarquer qu'après cent jours de combat, le kaiser vient de retourner à Coblentz, d'où il était parti au début de la guerre; croyant assister au succès de ses troupes en France, il ajoute qu'il serait difficile de conclure autre chose qu'à l'échec de la campagne allemande en France.

— Le communiqué officiel du soir nous fait connaître que les Allemands ont fait sauter la partie ouest de Chauvoncourt, qu'ils avaient minée; les casernes étaient occupées par les troupes françaises.

— Un télégramme de Saint-Omer annonce que des funérailles magnifiques ont été faites à Lord Roberts, que son corps a été transporté à Boulogne-sur-Mer en automobile, pour être ensuite conduit en Angleterre.

— Le prince de Galles, héritier de la couronne d'Angleterre, est arrivé à Boulogne, il va rejoindre le quartier général anglais en qualité d'aide de camp du maréchal French.

— Les délégués des syndicats agricoles du Midi ont pris l'engagement de fournir gratuitement à nos soldats un pour cent de la récolte en vin.

— Un journal de Madrid reproduit une information selon laquelle un second mortier de 420 allemand aurait explosé. Cette information paraît vraisemblable si on considère le défaut de proportion existant entre le poids de la pièce et celui du projectile lancé, ainsi que la charge énorme que le canon doit supporter.

— Un télégramme officiel de Pétrograd fait connaître que, sur le front de la Vistule et de la Wartha, les combats se poursuivent et revêtent le caractère d'une grande bataille. Les forces allemandes sont considérables. L'investissement de Cracovie progresse d'heure en heure.

— L'armée russe du Caucase, forte de 200.000 hommes environ, et pourvue d'une excellente artillerie et d'une grosse cavalerie, continue ses opérations contre les Turcs qui ont été repoussés d'Erzeroum.

— On annonce que le cuirassé américain *Tennesse*,

chargé de la protection des sujets français, anglais et russes à Smyrne, a demandé aux autorités de la ville d'entrer dans le port. Cette permission lui ayant été refusée et une chaloupe qui voulait s'approcher du fort ayant été bombardée, le commandant du cuirassé a déclaré que si l'entrée du port lui était refusée, le cuirassé y rentrerait de force.

— Bons mots. — *La neutralité américaine.* — Un journal anglais prétend qu'en Amérique il est d'un usage courant de dire: « Nous sommes tellement neutres qu'il nous importe peu que l'Allemagne soit vaincue par telle puissance, de préférence à telle autre. »
(Extrait du *Petit Journal.*)

— Une charge des chasseurs français vers Albert. — Neuf heures du matin. Nous nous acheminons longeant la route de Becordel. Nous traversons un petit bois. Dans un fossé nous apercevons un homme étendu sur le ventre, dans une position si naturelle qu'il paraît endormi. On s'approche, c'est un uhlan tué la veille. On le retourne et nous constatons qu'il a reçu une balle dans la tête. Un peu de sang, déjà coagulé, sortait par le nez. Nous poursuivons notre chevauchée.

Tout le régiment est calme et on brûle de se mesurer avec les dragons de la garde impériale.

A quelques kilomètres de la Basselle, on s'arrête un instant. Le colonel et ses officiers semblent se consulter : « Laissez-nous faire un feu avant de charger, mon colonel », dit le capitaine du 3ᵉ escadron.

— Non, répond le colonel, l'ordre est formel!
Et mettant le sabre à la main, il s'écrie:
— Allons, mes enfants!

Le colonel se tourne vers nous, en nous embrassant du regard et, debout sur ses étriers, le sabre haut, avec un geste qui aurait peut-être paru banal sur le champ de manœuvre, mais qui était sublime à ce moment, commande d'une voix éclatante:

— Escadrons, garde à vous, pour charger, sabre main... au trot... au galop, marche!

Les trompettes sonnent la charge et tous les officiers répètent les commandements.

L'entrain des hommes est admirable. Il y a de l'émotion dans tous les cœurs, mais une émotion haute et généreuse.

Nous partons. Nos excellents et légers petits chevaux bondissent de sillon en sillon. Le cheval aussi bien que le cavalier s'anime et se grise à la guerre.

Rapidement la distance disparaît et, à travers le nuage de poussière qui nous enveloppe, nous apercevons la ligne ennemie.

C'est une grande masse paraissant immobile, qui vient à nous cependant, mais qui vient au pas, comme certaine de sa force, au devant de notre torrent.

Nous rassemblons et nous enlevons vivement nos chevaux. Tous, les étriers chaussés jusqu'au talon, l'éperon au flanc, le sabre et une poignée de crins dans la main gauche, la carabine dans la main droite, nous approchons! nous approchons! Un grand cri se fait entendre:

— Chargez! Chargez!

Qui le pousse ce cri? Tout le monde. Il sort à la fois de toutes les poitrines et des hourras frénétiques l'accompagnent. On entend le bruit sec de mille carabines déchargées en même temps. Les carabines sont alors remisées et les sabres sont pris solidement tenus dans la main droite, la pointe en avant. Et nous entrons en bolide dans la muraille vivante qui nous fait face.

Des cris terribles, incompréhensibles, se font entendre et alors commence la folie de la tuerie et les hurlements des blessés.

A mon tour, je fais brèche, je pénètre dans le tas, sabrant de tous côtés, emporté par le tourbillon au milieu de mes camarades, qui avec une belle vaillance couchent comme la faux le blé mur, les dragons de la garde qui tombent, laissant leurs montures sans cavaliers, bondissant de tous côtés et achevant de semer la panique parmi les cavaliers ennemis.

Comme une trombe, nous atteignons le point extrême de la ligne allemande, les dragons de la garde se sont repliés devant nous, ceux qui ont pu, les autres sont couchés, blessés ou morts, ou emportés inertes sur leurs chevaux sans direction.

Un crépitement se fait entendre, c'est l'ennemi qui nous mitraille, c'est l'artillerie allemande qui entre en ligne. Aussitôt, rompant notre front d'attaque, nous nous mettons en ordre dispersé, et au même instant, nous entendons la réplique de nos pièces, pendant que sur nos flancs s'avance l'infanterie, avec un si bel entrain, que l'artillerie allemande se voyant menacée, craignant d'être prise, se replie dans la direction de Guillemont.

Depuis ce jour, Albert n'a plus eu à souffrir du bombardement allemand et quand nos soldats passent à la Basselle, ils disent encore, pleins d'enthousiasme: « C'est là que nous avons démoli les dragons de la garde impériale. »

(De la *France de Bordeaux*.)

Dépêches officielles

Premier Communiqué

La journée du 17 a été analogue à la précédente: nombreuses canonnades et quelques attaques isolées de l'infanterie ennemie, toutes repoussées.

De la mer du Nord à la Lys, le front a été assez activement bombardé, notamment à Nieuport et à l'est et au sud d'Ypres, près de Bixschoote. Les zouaves, chargeant à la baïonnette, ont brillamment enlevé un bois disputé depuis trois jours entre l'ennemi et nous. Au sud d'Ypres, une offensive de l'infanterie ennemie a été refoulée par nos troupes. L'armée anglaise a également maintenu son front.

D'Arras à l'Oise, rien à signaler.

Dans la région de Craonne, notre artillerie a pris, en plusieurs fois, l'avantage sur les batteries ennemies.

Le bombardement de Reims a continué.

De Reims à l'Argonne, rien à signaler.

Dans la région de Saint-Mihiel, malgré les contre-attaques allemandes, nous avons conservé la partie ouest de Chauvoncourt.

En Alsace, les bataillons de landwehr envoyés dans la région de Sainte-Marie-aux-Mines ont dû être ramenés en arrière, ayant perdu la moitié de leur effectif.

Deuxième Communiqué

La journée a été marquée par une canonnade très violente et presque ininterrompue sur notre front Nord.

Dans la région de Saint-Mihiel, les Allemands ont fait sauter la partie ouest de Chauvoncourt qu'ils avaient minée.

Sur le reste du front, rien à signaler.

---

19 NOVEMBRE 1914

Des tranchées allemandes sont enlevées au nord-ouest de Senonces. — Les Allemands essaient sans succès de reprendre Tracy-le-Val. — La flotte russe bombarde Chopa (Mer Noire).

Situation des armées sur le front occidental

— Devant l'impuissance des Allemands à rompre nos lignes, devant l'inondation qui s'étend, nos ennemis en sont réduits au duel d'artillerie; ils ont renoncé, dans la journée d'hier, à leurs attaques habituelles, et de la mer à la Lys le canon a parlé sans discontinuer. A Tracy-le-Val, entre l'Oise et l'Aisne, une offensive allemande a échoué, grâce à la vaillance de nos troupes d'Afrique qui ont rejeté l'ennemi, alors qu'il s'était déjà emparé d'une partie du village.

F. B.

Nouvelles diverses publiées par les journaux

— Un journal de Berlin reconnaît qu'à la suite des fatigues et des souffrances subies par les troupes allemandes dans ces derniers temps, le moral des soldats et des officiers est grandement affaibli. Le ministère de la guerre fait des efforts considérables pour combler les vides qui se sont faits dans les cadres. Dans certains corps, un simple sous-lieutenant commande un effectif équivalent à deux ou trois compagnies. Les officiers bavarois manifestent, paraît-il, un grand mécontentement au sujet des opérations dans le Nord; ils prétendent que depuis le commencement de la campagne, ils ont été sacrifiés par le kaiser à un tel point que sur 300.000 hommes, il n'en reste plus que 110.000.

— Une escadre franco-anglaise a bombardé hier Knocke et Zeebrugge, occupés par les Allemands, sur la côte de Belgique; un train de cinq voitures remplies de soldats a été complètement détruit, ainsi que le garage des trains militaires.

— Une escadre allemande, composée de 2 croiseurs et de 10 torpilleurs a bombardé la ville russe de Libau sur la Baltique. Un des torpilleurs allemands aurait heurté une mine et aurait coulé.

— Le croiseur allemand *Berlin*, qui s'était réfugié dans le port norvégien de Trondjem, a été désarmé; ce croiseur ayant refusé de quitter le port dans les 24 heures.

— Un biplan allemand monté par deux officiers a atterri,

le 18 novembre, près de Reims, l'appareil et les deux aviateurs ont été capturés par nos troupes.

— Un communiqué de l'état-major russe fait connaître que la flotte russe a bombardé Trébizonde (Mer Noire) et a détruit les casernes et la station de télégraphie sans fil.

— Un exposé de la situation d'après le « Bulletin des Armées ». — Le *Bulletin des Armées* publie l'exposé suivant de la situation militaire au 17 novembre 1914:

« A l'heure où nous écrivons ces lignes, la deuxième grande bataille livrée par les Allemands en Flandre semble tirer à sa fin; on sait que la première s'est engagée sur le front de Nieuport-Dixmude et a été, de la part de nos adversaires, une incontestable faute de tactique. Prétendre arriver sur Dunkerque et Calais en longeant le rivage de la mer, alors qu'on se heurtait aux excellentes troupes franco-belges garnissant la rive gauche de l'Yser, et recevant un efficace appui de l'escadre franco-britannique, et qu'il fallait encore compter avec une inondation très facile à tendre, voilà une conception qui ne fait pas honneur au grand état-major allemand; et, quand on considère, d'une part, la pauvreté de cette manœuvre et la médiocrité de l'exécution; d'autre part, le courage avec lequel des corps de réserve allemands, dont quelques-uns de formation récente, ont marché à l'hécatombe, on comprend la double erreur d'appréciation que nous avons commise en France, touchant l'armée allemande. Nous avons estimé trop haut l'officier, quelque peu assoupi sur ses lauriers d'antan, et trop bas le soldat « menschen material », lequel possède le mépris de la mort.

« La seconde tentative de l'ennemi pour conquérir le tant désiré Pas-de-Calais était plus raisonnable, puisqu'elle consistait à peser sur notre front dans la région d'Ypres, c'est-à-dire dans un secteur où les Allemands n'avaient à craindre ni l'inondation ni les canons de la flotte alliée pour augmenter le nombre de leurs atouts; ils avaient d'ailleurs déplacé une fois de plus le centre de gravité de leurs forces et fait refluer vers le Nord des corps d'armée actifs, tels que le 20ᵉ bavarois et la Garde, préalablement recomplétés à l'effectif de guerre par l'afflux incessant de recrues et de réservistes; c'est donc à très forte partie qu'ont eu affaire les contingents franco-britanniques qui défendaient Ypres et ses abords; mais, à cette date du 17 novembre, après une lutte acharnée qui a duré sept jours, l'effort allemand semblait brisé. Ça été, comme dans les tentatives précédentes, le massacre de lignes épaisses d'infanterie menées à l'assaut par des officiers frais émoulus, dont la bravoure ne compense pas l'inexpérience.

« Au corps de la Garde et au 20ᵉ bavarois, nombre de compagnies voient de nouveau leur effectif tomber au-dessous de cent hommes, et en présence de semblables résultats, on peut affirmer que la supériorité d'instruction et la préparation à la guerre, dont l'infanterie allemande avait fait preuve au début des hostilités et qui n'a pas peu contribué à ses succès du mois d'août, a disparu et qu'aujourd'hui, en ce qui concerne la conduite du combat, l'emploi des feux, et notamment la liaison entre l'infanterie et l'artillerie, la supériorité est de notre côté.

« Bref, trois mois de guerre ont trempé l'armée française et déprimé l'armée allemande. En outre, force nous est de constater que les énormes sacrifices en hommes consentis par les Allemands dans cette région du Nord sont hors de proportion avec le but à atteindre, et qui n'a, d'ailleurs, pas été atteint, c'est-à-dire la possession de Dunkerque et de Calais, menace soi-disant terrible pour l'Angleterre.

« S'il était permis de parler ici le langage du fabuliste, nous dirions qu'il faut voir dans tout ceci l'entêtement du rhinocéros germanique se butant contre une muraille dans le fol espoir de marcher sur la queue du lion britannique.

« Le rhinocéros va-t-il se recueillir et prendre de nouvelles forces pour tenter un nouvel effort? Les Allemands pousseront-ils l'obstination jusqu'à dégarnir de troupes certaines de leurs places fortes, pour s'emparer de quelques kilomètres de rivage? C'est ce qu'un avenir prochain nous dira. » — (*Havas.*)

Dépêches officielles

Premier Communiqué

Au Nord, la journée d'hier a été marquée par une recrudescence d'activité de l'artillerie ennemie, particulièrement entre la mer et la Lys. Il n'y a pas eu d'attaque d'infanterie.

Entre l'Oise et l'Aisne, les opérations autour de Tracy-le-Val se sont terminées très favorablement pour nos troupes. On se rappelle que nous nous étions emparés de ce village il y a quelques jours. Avant-hier, les Allemands ont essayé de le reprendre; après avoir enlevé nos premières tranchées, ils sont parvenus jusqu'au carrefour central de la localité, mais une vigoureuse attaque de nos contingents algériens a refoulé l'ennemi, lui a repris tout le terrain perdu et fait subir de très fortes pertes.

Dans l'Argonne, nous avons maintenu nos positions.
Sur le reste du front, rien à signaler.

Deuxième Communiqué

Journée particulièrement calme. Rien à signaler.

Le 10ᵉ fascicule paraîtra incessamment.
Réclamer les fascicules précédents.